Liebe Mitfühlende,

getrennt oder zusammen? Darüber haben wir länger diskutiert, als wir das Fastenmotto 2026 entwickelten. Schreiben wir „Mit Gefühl" oder „Mitgefühl"? Ist ja ein Unterschied. Sie kennen das Ergebnis. „Mitgefühl" wurde es nicht, obwohl darin die Grundidee lag. Denn es trieb (und treibt) uns um, welche Härte sich in die Debatten über Themen wie Migration oder Sozialpolitik eingeschlichen hat. Wie wenig Mitgefühl den betroffenen Menschen entgegengebracht wird. Bei uns und anderswo. Mariann Edgar Budde, Bischöfin von Washington, bat den US-Präsidenten Donald Trump öffentlich, „Erbarmen mit den Menschen zu zeigen, die jetzt Angst haben". Die Holocaust-Überlebende Margot Friedländer mahnte uns alle: „Bleibt menschlich." Sie hat recht. Wir müssen aufpassen, unser Mitgefühl nicht zu verlieren. Übrigens auch im alltäglichen Umgang miteinander, sei es mit der Kassiererin im Supermarkt, die langsamer ist als alle anderen, oder mit den Eltern, die nicht wissen, wie man das Smartphone anschaltet.

Warum das Fastenmotto nun aber doch „Mit Gefühl" heißt? Uns wurde klar, dass es ohne Gefühl kein Mitgefühl geben kann. Und dass die sieben Wochen der Fastenzeit ideal sind, um einen längeren Übungsweg von innen nach außen zu beschreiten. So entwickelte sich folgendes Grundgerüst: In den ersten drei Wochen geht der Blick nach innen: Was sagt mir mein Herz? (Woche 1: Sehnsucht) Welche Gefühle stecken in mir, wie eng oder weit mache ich es mir selbst? (Woche 2: Weite) Was ist mein wunder Punkt, wo bin ich auf andere angewiesen? (Woche 3: Verletzlichkeit) Die mittlere Woche markiert einen Wendepunkt: Der Blick öffnet sich nun nach außen, den anderen zu, mit denen wir mitzuschwingen versuchen. (Woche 4: Mitgefühl) Der Kopf darf sich einschalten und fragen: Wer ist mein Nächster? (Woche 5: Nachfragen) Das Gefühl übernimmt, wenn wir jemanden sanft trösten. (Woche 6: Sanfte Töne) Die siebte Woche hat wie immer einen Sonderstatus: Es ist die Karwoche, hier bekommen die ganz großen, intensiven Gefühle Raum. (Woche 7: Furcht und große Freude)

Können Sie folgen? Sie sind herzlich eingeladen! Gleichwohl: Ein Übungsweg ist nie linear. Sie können hin- und herspringen und verweilen, wo es nötig ist. In diesem Heft finden Sie viele Materialien, mit denen das geht und mit denen Sie die Fastenaktion in Ihrer Gemeinde individuell umsetzen können. Wir freuen uns auf den Austausch, auf Instagram, Facebook, per Mail, Post oder Telefon. Und wünschen Ihnen eine besondere, gefühlvolle Fastenzeit 2026!

Herzlich,

HANNA LUCASSEN
„7 Wochen Ohne"-Team
www.7-wochen-ohne.de

 Innehalten

Anwenden

Diese Materialien
gibt es auch
als Download.
Zugriff unter:
7wochenohne.evangelisch.de/
zutaten_2026

Passwort:
7WO2026_Mitgefühl

Empathie forte

Achtung Satire! In diesem Werbespot verkörpert Kabarettistin Maren Kroymann, die 2025 den evangelischen Robert-Geisendörfer-Preis gewann, eine ältere Frau mit einer ausgeprägten Egal-Haltung. Während die Enkel leidenschaftlich über die Zukunft der Welt diskutieren, sitzt sie gleichgültig daneben — und eckt damit ordentlich an. Denn ein wenig Mitgefühl kann man ja wohl erwarten! Zum Glück aber gibt es „Empathie forte!" Hilft nicht nur Privatmenschen, sondern auch Politiker:innen: „Nur eine Kapsel reicht, und schon kannst du bei bis zu drei Themen leidenschaftlich mitgehen und Mitgefühl zeigen!"

ARD-Videoclip auf Youtube

(Stichworte: Empathie forte, Maren Kroymann)

Wie geht's dir genau?

Gut, schlecht, mittel — das ist schon ein wenig karg, oder? Wer sein Befinden zielgenauer bestimmen will, schaue mal auf die letzte Seite dieses Hefts. Dort stehen 180 Wörter für alle Gefühlslagen. Von angeregt und ängstlich bis verletzbar und zärtlich. Unser Vorschlag: Suchen Sie sich täglich eines heraus, das ihre Stimmung gerade trifft — und schreiben es in Ihr kleines persönliches „Wörterbuch der Gefühle". Die Faltanleitung finden Sie daneben. Sie werden erstaunt sein über die Bandbreite Ihrer Emotionen. Oder eher fasziniert. Inspiriert? Elektrisiert?

Menschliche Politik

FLUCHT. URSACHEN BEKÄMPFEN, FLÜCHTLINGE SCHÜTZEN

23 Autorinnen und Autoren — darunter der langjährige EKD-Ratsvorsitzende Heinrich Bedford-Strohm — stecken das weite Feld der Flucht ab. Sie machen Vorschläge zur Bekämpfung des Hungers, der Klimakrise und der sozialen Ungerechtigkeit, kritisieren die aktuelle Flüchtlingspolitik und Abschiebe-praxis und beschreiben einen humanen Flüchtlingsschutz.

Ralf-Uwe Beck, Klaus Töpfer, Angelika Zahrnt (Hrsg.)
Oekom-Verlag, 2022

GEGEN DIE NEUE HÄRTE

Die Migrationsforscherin und Kulturwissenschaft-lerin Judith Kohlenberger zeigt, welch hohen Preis wir für unsere Abschottung zahlen und setzt der neuen Härte ein Konzept der Zugewandtheit und Empathie entgegen.

Judith Kohlenberger
dtv Verlag, 2024

Geschenktipp

Was höre ich, wenn ich auf mein Herz höre? Woher weiß ich, wie sich jemand fühlt? Unser kleiner Wochenkalender versammelt die Sonntagsfragen aus dem Fastenkalender und eignet sich als Mitbringsel oder kleines Dankeschön — auch für Leute, die „7 Wochen Ohne" noch nicht kennen.

Wochenkalender „Sieben Wochen – sieben Fragen", 3,50 Euro, chrismonshop.de

Wochenmottos

Den sieben Wochen der Fastenzeit 2026 sind jeweils ein Motto und eine Bibelstelle zugeordnet:

1. WOCHE:
18.–24. Februar
Sehnsucht
1. Könige 3,7.9, Basisbibel

2. WOCHE:
25. Februar–3. März
Weite
Psalm 31,8–9, Lutherbibel 2017

3. WOCHE:
4.–10. März
Verletzlichkeit
Markus 14,34.37, Lutherbibel 2017

4. WOCHE:
11.–17. März
Mitgefühl
Römer 12,15, Lutherbibel 2017

5. WOCHE:
18.–23. März
Nachfragen
Lukas 10,29, Lutherbibel 2017

6. WOCHE:
24.–31. März
Sanfte Töne
1. Samuel 16,14.23, Lutherbibel 2017

7. WOCHE:
1.–6. April
Furcht und große Freude
Matthäus 28,8, Lutherbibel 2017

Immer freitags

ONLINE-BIBLIOLOG ZUR BIBELSTELLE DER WOCHE

**Anmelden und mitmachen:
7-wochen-ohne.de/
bibliolog-online**

„Ich hoffe auf Frühaufsteher"

Der TV-Eröffnungsgottesdienst der Fastenaktion beginnt diesmal schon um 9 Uhr.
Er kommt aus der St.-Albani-Kirche in Göttingen. Pfarrerin Angelika Ohlemacher ist gespannt
auf ihre erste Liveübertragung aus der Kirche

ANGELIKA OHLEMACHER
ist seit 2021 Pfarrerin an
der Kirchengemeinde St. Albani
in Göttingen. Aufgewachsen
ist sie am Bodensee.

**Der Eröffnungsgottesdienst der Fasten-
aktion findet bei Ihnen in der Kirche
statt und wird live im ZDF übertragen.
Worauf freuen Sie sich?**
Normalerweise bereite ich einen Gottes-
dienst allein vor, im stillen Kämmerlein.
Jetzt sind viele daran beteiligt, und ich
freue mich auf die Zusammenarbeit! Es
ist zudem unser erstes großes Projekt als
Fusionsgemeinde. Die fünf Göttinger
Innenstadtgemeinden schließen sich im
Januar 2026 zusammen.
**Es ist Ihr erster Fernsehgottesdienst.
Fürchten Sie auch etwas?**

Dass ich an etwas Wichtiges nicht denke,
was erst im letzten Moment auffällt —
und die Situation nicht mehr zu retten
ist. Aber ich denke, die Profis werden
mich vor diesem Alptraum bewahren.
Ich mache ja auch noch eine Schulung
mit, bei der ich vermutlich lerne, nicht
in die Kamera zu schauen. Das ist alles
sehr spannend.
**Der Gottesdienst beginnt wegen der
Olympiaübertragung 30 Minuten vor
der üblichen Sendezeit. Ein Problem?**
Unsere Kirchentür schließt schon um
8.30 Uhr auf. Ich hoffe, dass genügend
Menschen bereit sind, so früh aufzu-
stehen. Und dass die Zuschauenden am
Fernseher nicht aus Versehen erst zum
Segen einschalten!

Beteiligen sich viele Gemeindemitglieder am Gottesdienst?

Eine kleinere Kerngruppe arbeitet an der Gestaltung, aber viele Menschen übernehmen auch Aufgaben hinter der Kamera: tragen Kabel, packen beim Auf- und Abbau mit an, verköstigen das Fernsehteam am Probentag oder wirken am Hörertelefon mit.

Welches „7 Wochen Ohne"-Motto ist Ihnen besonders in Erinnerung?

Ich liebe die Titel mit Augenzwinkern, die unerwartet und unverstaubt klingen. „Sieben Wochen ohne Kneifen" und „Sieben Wochen ohne Sofort" waren raffiniert und tiefgründig zugleich.

Ihre Gemeinde in drei Worten?

Theologiebegeistert, glaubensfreudig, gemeinschaftsfördernd.

Was dachten Sie, als Sie das aktuelle Fastenmotto zum ersten Mal hörten?

Mir stockte der Atem, als es hieß, das Motto sei Mitgefühl. Ich dachte: „Sieben Wochen ohne Mitgefühl? Das nenne ich mal provokant!" Das Missverständnis war schnell geklärt. Dann kam mir in den Sinn, dass „Härte" in den Generationen unterschiedliche Resonanzen hervorrufen wird. Und dass es eine Präzisierung des Begriffs geben muss, der in Richtung „Verhärtung" geht.

Ist unsere Gesellschaft zu hart geworden?

Sie ist zumindest schnell geworden mit harten Urteilen. Die verbreiten sich in Windeseile, werden oft nicht überprüft und losgelöst vom ursprünglichen Kontext weitergegeben, unreflektiert, lautstark. Mein besonders Mitgefühl gilt denen, die Drohmails oder lawinenartiger Kritik ausgesetzt sind oder waren.

Welchem Gefühl in sich würden Sie gerne mehr Raum geben?

Der Vergebung. Vor allem mir selbst gegenüber.

Haben Sie private Fastenvorhaben?

Seit zwei Jahren faste ich ganz „unevangelisch" Kaffee und Schokolade. Das ist wirklich hart! Ich mag allerdings den Effekt. Die entstehende Leere muss ich irgendwie anders füllen, mir neue Wege suchen, mich kurzfristig wachzurütteln.

GÖTTINGEN

KIRCHE ST. ALBANI

Die evangelisch-lutherische Pfarrkirche St. Albani ist eine dreischiffige gotische Hallenkirche in Göttingen (Niedersachsen). Sie steht am östlichen Rand der Innenstadt. Der Vorgängerbau, die Dorfkirche von „Gutingi", stammt wohl aus dem 10. Jahrhundert. Der Bau des heutigen Gebäudes begann 1423. 1726 erhielt der Turm die barocke Haube. Mitte des 19. Jahrhunderts bekam die Kirche eine neugotische Ausstattung, der die heutige Kanzel, drei Bleiglasfenster im Chor, das Gestühl und die Emporen entstammen. Neben der Orgel mit 36 Registern von Paul Ott ist der Flügelaltar der kostbarste Schatz der Kirche. Er stammt von Hans von Geismar aus dem Jahr 1499. Im Januar 2026 fusionierten die fünf Innenstadtgemeinden von Göttingen – darunter auch St. Albani. Die neue Gemeinde für die ganze Stadt hat etwa 9000 Gemeindeglieder.

gottesdienst ZDF

Eröffnungsgottesdienst

Der **Eröffnungsgottesdienst** der Fastenaktion findet am **22. Februar 2026** statt. Er beginnt wegen der Olympiaübertragung **bereits um 9 Uhr.** Das ZDF überträgt live aus der **St.-Albani-Kirche in Göttingen.**

Lass dich nicht verhärten

Wie bleiben wir menschlich und mitfühlend?
Das ist die Kernfrage in der Fastenaktion 2026

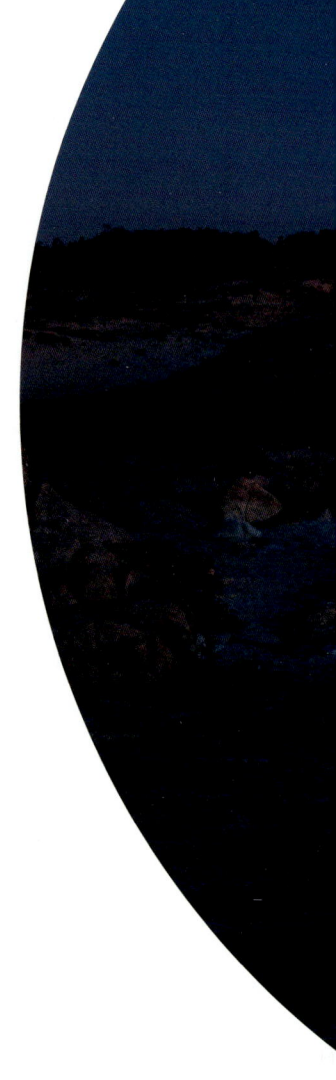

Seid Menschen! – diese Botschaft wurde zum Vermächtnis von Margot Friedländer. Als Überlebende der Schoah hat sie die Entmenschlichung des 20. Jahrhunderts am eigenen Leib erfahren. Und dennoch: Bis ins hohe Alter hat sie nicht aufgehört, an die Möglichkeit einer mitfühlenden, gerechten Welt zu glauben. Sie weigerte sich, den Bildern der Härte, die zu Gewalt führen, Raum zu geben. Am 9. Mai 2025 ist Margot Friedländer im Alter von 103 Jahren gestorben. Ihr Lebenszeugnis ist eine bleibende Erinnerung für unsere Gegenwart.

Wie lässt sich Menschlichkeit bewahren? Die Passionszeit führt uns in diese Frage. „Mit Gefühl! Sieben Wochen ohne Härte", so lautet das diesjährige Motto der Fastenaktion nicht von ungefähr. Unsere Sprache wird schroff. Unsere Urteile sind vernichtend. Geht uns unser Mitgefühl verloren? Zuerst spaltet dein hartes Herz die anderen und dann dich selbst. „Du, lass dich nicht verhärten", sang Wolf Biermann vor mehr als 50 Jahren für einen Freund, dem sie arg zusetzten.

Jesus ließ sich nicht verhärten. Er demonstrierte keine Stärke, sondern ließ sich berühren. Jesus sah Menschen mit ihrem Leid, ihrem Schmerz, ihren Sehnsüchten. Er ging auf sie zu, kam ihnen nah. Er beugte sich nieder und berührte ihre Wunden. Zugewandt, mitleidend. In dieser Geste liegt die Unterbrechung. Wenn das Leid des anderen, sogar des Feindes, mich schmerzt, wenn der Schmerz der Ausgestoßenen mein eigener wird, verwandelt sich die Welt.

Kann die Nähe zu einem Menschen wie Jesus, der ohne Gewalt, Starrsinn, Unerbittlichkeit sein Leben führte und darin Gott ansichtig werden ließ, kann diese Nähe verändern? Kann die jesuanische Weise, das Leben, das wirkliche Leben zu erkennen, uns ein tröstlich-helfendes Bild sein? Ja, sie kann.

Diese Fastenaktion beginnt mit einer Wende nach innen: „Mein Gott, gib mir ein hörendes Herz" (1. Könige 3,9). Was höre ich, wenn ich mich selbst wahrnehme? Wie oft redet es in mir selbst? Die Gedanken schwirren durch den Kopf. Manchmal spreche ich laut mit mir selbst, höre meine eigene Stimme und spüre, wie fremd sie mir ist. Wie hört mein Herz? Es geht nicht um eigene Wünsche. König Salomo fragt Gott, um das Bedürfnis des Volkes mit der Weisheit Gottes zu verbinden. Empathie und Verstand. Emmanuel Lévinas, der litauisch-französische Philosoph, dessen gesamte Familie in den Grauen des Zweiten Weltkriegs umgebracht wurde, schreibt in seinem Tagebuch: „Die Sorge für den anderen siegt über die Sorge um sich selbst. Genau das ist es, was ich ‚Heiligkeit' nenne."

So weitet sich das Herz. „Du stellst meine Füße auf weiten Raum" (Psalm 31,9). Der universale Anspruch, der in der Schöpfung Gottes alles Lebendige umfasst, ist unser Gebets- und Handlungsraum. In ihm finden wir den Horizont unseres Glaubens.

Das führt auch zu den eigenen Verwundungen. „Meine Seele ist betrübt bis an den Tod; bleibt hier und wachet!" (Markus 14,34). Sind wir in der Lage, nicht nur den anderen Schmerz zu berühren, sondern auch den eigenen zu teilen? Wer darf sehen mein Weh und Ach? Gott erkennt uns. Seine Geistkraft trägt, was ich selbst kaum tragen kann. Wo meine Kraft versagt, geschieht sein Wille.

So wendet sich der Blick nach außen. Wer heil wird, empfindet den Schmerz ebenso wie die Freude des anderen in einer besonderen Weise.

Die Fastenzeit ist eine Unterbrechung des Gewohnten. Sie öffnet neue Türen.

Die Karwoche beginnt. Mit Angst und Schmerz. Mit Abschied und Stille. Dann der dritte Tag. „Der Herr ist auferstanden" (Matthäus 28,6). Die Geschichte nimmt eine Wendung. Die Härte der Welt, in Liebe überwunden.

Sieben Wochen ohne Härte — das ist der bewusste Ausstieg aus eingefahrenen Verhaltensmustern. Ich erinnere mich an Abende, an denen ich den Kindern Schlaflieder sang. In diesen Momenten kehrte Ruhe ein — nicht nur bei ihnen, sondern auch bei mir. Härte verliert ihre Wirkung, wenn ihr nicht mit Widerstand begegnet, sondern ihr der Resonanzraum entzogen wird. Ein Tag mag voller Herausforderungen und Provokationen gewesen sein, doch in der Stille löst sich die Anspannung.

Es gibt eine nachrichtenlose Zeit. Das ist den meisten heute unbekannt. Schon am Morgen die Handy-News, die Bilder und Mitteilungen in den sozialen Netzwerken. „O wunderbares tiefes Schweigen" beginnt ein Morgengedicht von Joseph Eichendorff.

Die Fastenzeit ist eine Unterbrechung. Sie stoppt den gewohnten Fluss und öffnet Türen zu biblischen Texten aus der Erzählung von Jesu Leiden und Tod. Gott stimmt nicht in den Lärm der Welt ein. Er erzählt eine andere Geschichte. Sie ist dramatisch, schmerzhaft und heilend. Ich will mich ihr aussetzen und lade Sie ein, diesen Weg mitzugehen. Sieben Wochen mit dem Klang einer anderen Geschichte. Hören Sie hin. Werden Sie Teil davon. <

„Freut euch mit den Fröhlichen, weint mit den Weinenden" (Römer 12,15). Wer verstanden wird, gibt weiter, was ihm selbst geschenkt wurde. Das bruchstückhafte, heilige Leben bleibt ein Fest des Jubels und des Mitleidens.

Mein Leben geschieht nur im Angesicht des anderen. „Wer ist mein Nächster?" (Lukas 10,29). Fremde treten ins Blickfeld. Ich kenne sie nicht. Aber ich kann fragen, höre zu, komme in Beziehung und verstehe.

Wie eine Hand über Saiten streicht, erklingt die Melodie der Behutsamkeit. „David nahm die Harfe und spielte darauf mit seiner Hand" (1. Samuel 16,23). Wer die Härte des Lebens erfährt, braucht behutsame Anteilnahme. Jesus wird mit Öl gesalbt. Er wäscht seinen Jüngern die Füße. Sanfte Berührungen. Wohltuende Nähe. Was hart erlebt wird, wird sanft geheilt.

RALF MEISTER
ist Landesbischof der Ev.-luth. Landeskirche Hannovers und Botschafter der Aktion „7 Wochen Ohne"

E in feuchtwarmer Früh-
sommerabend in der Kul-
turkirche Köln-Nippes.
Wo sonst die Bläck Fööss
oder Köbes Underground
auftreten und Karnevals-
lieder einsingen, steht
heute Abend „Bombenkopf"
auf dem Programm, ein
Abend über Migräne. Die Kirchenbänke
dicht gefüllt mit jungen Frauen und sehr
wenigen Männern. Einige haben ihre
Mutter mitgebracht, zwei ihren Assis-
tenzhund mit Schürze, „Pfoten weg!". Wo
der Kirchbaumeister vor 200 Jahren die
Gesangbuchablage vorgesehen hat, liegen heute Abend viele Handys und ein
paar Noise-Cancelling-Kopfhörer. Vor der
Show unterhält man sich über Menstrua-
tionsschmerzen und Schilddrüse, es geht
um Kupferketten und warum es einfach
keine Termine gibt beim Psychothera-
peuten. „Ich dreh noch durch."

Licht aus, Phia Quantius, Jahrgang
1998, betritt die Bühne. Sie ist Influen-
cerin, 275 000 Follower auf Instagram.
Rote lange Haare, Minirock und schwarze
Stiefel. „Hallo Köllefornia, ich bin scheiße
aufgeregt", ruft sie in die Menge, frene-
tischer Beifall. „Wer von euch hat Migräne? Wer hat überlegt, heute Abend
gar nicht kommen zu können wegen

URSULA OTT
ist chrismon-
Chefredakteurin
und kennt Migräne
allzu gut

Raus mit
dem Schmerz!

Junge Leute leiden laut und offensiv, beobachtet Ursula Ott
bei ihrer Recherche über Migräne. Sie hat eher immer die Zähne
zusammengebissen. Aber ob das besser war?

Migräne?" — viele Arme recken sich in die Luft. „Beschissenes Migränewetter", beruhigt Phia ihre Mitleidenden, „aber das hier ist ein Safe Space. Du kannst zwischendurch aufstehen, etwas trinken, an die frische Luft gehen. Mach, was dir guttut." Zustimmendes Nicken.

Ich reibe mir verwundert die Augen. Eine ganze Show über Migräne? Die jungen Frauen hier könnten meine Töchter sein. Auch ich habe im Alter von 18 meinen ersten Migräneanfall bekommen. Aber damals, Anfang der 80er Jahre, wäre niemand auf die Idee gekommen, daraus ein großes Thema, gar eine Show zu machen. Zähne zusammenbeißen, Tabletten nehmen, weiterarbeiten. War vermutlich auch nicht so günstig für Körper und Seele.

Phia ist neben Migräne-Influencerin auch noch Tierretterin. Wer ihr auf Insta folgt oder heute Abend die Show besucht, sieht sie mit ihrem Freund Malte im Kombi in ungarische Tierheime fahren. Wenn unterwegs die Migräne kommt, dreht Malte ein Reel, also einen kleinen Film für Instagram: Wie er sie beim Spucken über der Schüssel festhält, sie mit dem Schal einwickelt, ihr ein Migränemittel gibt, ein Triptan, das sie „vollkommen aus dem Leben knockt". Hm. Ich nehme auch Triptan, ein hochwirksames Mittel, das schnell hilft, aber fast keine Nebenwirkungen hat. Man kann es auch ohne einen Tierretter an seiner Seite einnehmen, es sind einfach Tabletten. Aber das Leiden, es ist Teil dieser Insta-Identität. „Ich bin nicht komisch", spricht Phia nun mit großem Pathos in die Menge, „ich bin nicht komisch, ich bin krank!" Den Spruch gibt es auch als Poster am Tourbus. Begeistertes Klatschen.

Schmerzen weggelächelt und zu viele Tabletten genommen

Ganz ehrlich — ein bisschen komisch kommt es mir schon vor, die Migräne so offensiv nach außen zu tragen. Ja, Migräne ist eine schwere neurologische Erkrankung. 28 Prozent der Frauen und 18 Prozent der Männer leiden laut der aktuellen Burden-Studie innerhalb eines Jahres darunter. Bei Personen unter 50 Jahren ist Migräne die häufigste Ursache für eine Behinderung. Jeden Tag sind in Deutschland 100 000 Menschen wegen Migräne krankgeschrieben. Grund genug, genauer hinzuschauen: Welcher Umgang mit der Krankheit ist sinnvoll?

Ich trete eine kleine Rundreise an zu Menschen, die es besser wissen als ich. Denn über die jungen Leute zu lästern, die schon mit 21 in eine „Quarterlife-Crisis" rutschen und auf den sozialen Medien ihre Migräne, ihr ADHS oder ihre Schüchternheit herausbrüllen — geschenkt. Damit kann ich zwar in meinem Boomer-Freundinnenkreis schnell punkten. Aber wir Älteren haben es ja auch nicht gut hinbekommen. Schmerzen weggelächelt und viel zu viele Tabletten genommen. Den Männern an unserer Seite — und viele Thomasse waren deutlich tumber als der nette Malte — signalisiert, dass wir uns schon gleich wieder zusammenreißen würden, dass wir auf jeden Fall trotz Migräne voll einsatzbereit sind und keine Spaßverderberinnen. War auch bescheuert. Meine erste Forschungsreise führt nach Kiel, in die Schmerzklinik von Professor Hartmut Göbel. Das Backsteingebäude direkt an der Mündung des Flüsschens Schwentine war früher eine Fabrik, Hermann Anschütz und der Physiker Albert Einstein haben hier den Kugel-Kreiselkompass erfunden. Der Geist der beiden Multitalente — Anschütz hatte Medizin und Kunstgeschichte studiert und war Erfinder — weht durch die lichtdurchfluteten Hallen, nichts deutet auf ein Krankenhaus hin.

Als Hartmut Göbel 1997 das Haus der „integrierten Schmerzversorgung" widmete, führte auch er viele Disziplinen zusammen: Psychotherapie, Neurologie, Ernährungswissenschaft, Sport. Heute gilt seine Schmerzklinik als erste Adresse für Patienten mit Spannungskopfschmerz, Cluster und Migräne und anderen chronischen Schmerzen. Göbel, geboren 1957, Neurologe und Psychologe, ist ein feinsinniger Mann mit einem Faible für Kunst und klassische Musik. Und für die Bibel. Aufgewachsen im katholischen Franken, hörte er oft als Kind die Schreie von todgeweihten Patienten. „Sterben muss wehtun", sagten ihm die Ordensschwestern, das habe eine reinigende Funktion.

Damit wollte er sich schon als kleiner Junge nicht abfinden. „Jesus selbst linderte Leid und Schmerzen von Lahmen, Blinden, Verkrüppelten und Stummen.

Und für sich selbst nahm er in seiner Todesstunde am Kreuz den Essig an", sagte er den Nonnen, und dass das bestimmt kein Naturgesetz sei mit den Schmerzen. Als er sich später im Medizinstudium auf Schmerzen spezialisieren wollte, riet man ihm ab. Er solle lieber ein „richtiger Arzt" werden. „Mein Mentor riet zum Thema Enddarmerkrankungen", erinnert er sich, „Kopfschmerzen galten als Nebensache. Dabei ist unser Geist doch das Edelste, was wir haben!"

Dass Schmerzen so lange ignoriert wurden, hält Göbel auch für ein deutsches Phänomen. Lange hallte die Nazizeit nach mit ihrer eiskalten Härte gegen sich und andere: „Hart wie Kruppstahl." Leid hatte man ehrenhaft zu ertragen. „Als in England und den USA Schmerzpatientinnen schon längst über ihr Leiden sprachen, traute sich in Deutschland noch niemand, irgendeine Art von Schwäche zu zeigen." Auch eine Psychotherapie, in anderen Ländern längst verbreitet, galt im Wirtschaftswunder-Deutschland als erster Schritt in die Psychiatrie. Und die war weit draußen vor der Stadt, tabuisiert wie zur Nazizeit. Erbkrankheit.

„Die nimmt sich regelmäßig ihre Migräne"

Migräne galt mehr oder weniger als eingebildete Krankheit. In „Pünktchen und Anton", dem wunderbaren Kinderbuch von Erich Kästner, heißt es: „Nach dem Mittagessen kriegte Frau Direktor Pogge Migräne. Migräne sind Kopfschmerzen, auch wenn man gar keine hat." Das haben Generationen von Kindern gelesen. „Kopfschmerzen, auch wenn man gar keine hat."

Es folgten die 60er Jahre mit ihrem mechanistischen Weltbild. Den Pudding machte man mit Dr. Oetker, Strom kam aus der Steckdose. Und „Spalt schaltet den Schmerz ab". Auch keine gute Zeit, um offen über chronische Kopfschmerzen zu reden. Noch in den 90er Jahren, erinnert sich Göbel, rief ab und zu das Fernsehen bei ihm an und fragte nach prominenten Migränepatienten. „Keiner wollte sich outen", sagt Göbel, „auf den heißen Stuhl bei RTL habe ich dann Brigitte Mira vermittelt, die war schon über 80 und musste keine Angst haben, danach keine Engagements mehr zu bekommen." Denn das klang bei Kopfschmerzen und Migräne immer mit: Die ist nicht belastbar. Die nimmt sich regelmäßig ihre Migräne.

Das war auch für mich lange der Grund, lieber still zu leiden. Die wenigen Schriftstellerinnen, die sich in meiner Jugendzeit zu ihrer Migräne bekannten, klangen eher defensiv. Die große Joan Didion schrieb 1979 über ihre Migräneanfälle: „Und wenn er (der Anfall) kommt, wehre ich mich nicht dagegen. Ich lege mich hin und lasse es geschehen." Ähnlich auch Siri Hustvedt: „Bei meinen Migränen, die weiterhin kommen, habe ich herausgefunden, dass Kapitulation dem Kämpfen vorzuziehen ist."

Laut klagen, wehklagen, anklagen

Geschehen lassen, kapitulieren und schön still leiden, so hat das meine Generation gehandhabt. Jetzt scheint das Pendel in die andere Richtung zu schlagen: laut klagen, wehklagen und anklagen. Was sagt der Professor dazu? Er wiegt bedächtig den Kopf. Gut findet er, wenn Influencerinnen und andere Schmerzpatienten Wissen verbreiten, „Wissen ist die beste Medizin, so kann man sich zum Anwalt seiner Krankheit machen." Skeptisch ist er, wenn die Krankheit der Lebensmittelpunkt wird. „Dann kann man ja gar nicht gesund werden, weil sonst der Sinn wegbricht im Leben. Oder sogar das Geschäftsmodell."

Also — welcher Umgang mit Kopfschmerzen ist nun gesund? Da muss der Neurologe etwas ausholen. Er spricht von der „Siebenfaltigkeit des Schmerzes", also von sieben Faktoren, die das eigene Schmerzempfinden steuern: Neben dem simplen Reiz — heiße Herdplatte — sind es unter anderem: Wie bewerte ich den Schmerz? Wenn ich mir ein Tattoo stechen lasse, bewerte ich ihn anders als einen Unfallschmerz. Wie reagieren die anderen? Wie fühle ich mich gerade? Was weiß ich über meinen Körper? Wenn Menschen ihre Schmerzen zum Hauptthema ihres Lebens machen, geben sie ihnen einen sehr großen Wert. Das kann das Leiden schlimmstenfalls verlängern und verstärken.

„Lebensbestimmend darf der Schmerz nicht werden", findet der Professor,

„man sollte immer schauen, dass es auch andere schöne Dinge gibt im Leben. Freunde, Hobbys, ein klassisches Konzert: Man muss dem Schmerz auch Raum wegnehmen." Jammern sei erlaubt, sagt er. „Aber wer immer nur jammert, wirkt auf andere jämmerlich."

Aber wie soll das gehen, schöne Dinge genießen, wenn man fast täglich starke Schmerzen hat? Kann man üben. Göbel setzt dafür auf die Schwarmintelligenz seiner Patientinnen. Die haben sich in vielen Gruppen zusammengetan, im Netz findet man sie unter „Headbook", auf Facebook unter „Migräne Community". 9000 Headbook-User, 16 000 Facebook-Userinnen helfen sich gegenseitig bei medizinischen Fragen, aber erfreuen sich gegenseitig auch mit Fotos vom Sonnenuntergang am Strand, von bunten Herbstblättern oder Kastanien. „Abendgruß" heißt das Ritual.

Gemanagt werden beide Communitys von der Patientenbetreuerin Bettina Frank. Eine resolute Frau, seit ihrer Kindheit Migräne, sie hat schon zwei erwachsene Kinder, die ebenso von der Krankheit geplagt sind. Das Treffen mit ihr fängt lustig an. Wir sind in der Kieler Förde in einem Ausflugslokal verabredet, Migränikerin mit Migränikerin. Ich 30 Minuten zu früh, typisch. Sie kommt zwar nur zehn Minuten zu spät, Stau auf der A210, aber ruft deshalb gleich zweimal an, um sich zu entschuldigen. Typisch.

Früher sprach man von einer „Migränepersönlichkeit" — überpünktlich, diszipliniert. Ganz große Spaßvögel haben daraus übrigens abgeleitet, Migränepatientinnen hätten vermutlich zu wenig Sex und müssten einfach mal ein bisschen lockerer werden. Bettina Frank hat sich darüber mit dem Esoterikguru Rüdiger Dahlke sogar mal im „Nachtcafé" vom SWR gefetzt. Dahlke hatte allen Ernstes behauptet, Migräne sei „ein Orgasmus im Kopf". Ziemlich dummes Zeug, wie man inzwischen weiß. Abgesehen davon, dass man im akuten Migräneanfall nur so mittel attraktiv ist (Stichwort: „jämmerlich") — die Dinge verhalten sich eher andersrum: Wer jahrelang eine chronische Erkrankung hat, entwickelt Strategien, damit zu überleben. Lieber früher losgehen, lieber die Aufgaben einen Tag zu früh erledigen, lieber Reserve einplanen, falls ein Migräneanfall dazwischenkommt. Lieber

pünktlich und regelmäßig essen und schlafen, damit der Stoffwechsel nicht durcheinanderkommt. Die Theorie von der Migränepersönlichkeit ist längst ad acta gelegt, Göbel hält sie übrigens für genauso übel und diskriminierend wie die Rassenforschung.

Solches Wissen tauscht auch die Migränecommunity untereinander aus. Wann soll man aufstehen, das Kind stillen, wie im Schichtdienst mit Migräne überleben? Was tun, wenn man in den Urlaub fliegt und die Zeitumstellung nicht verkraftet? Oder die Spritzen im Flugzeug nicht kühlen kann? Die Gruppe ist Gold wert, denn selbst Ärzte wissen oft so gut wie gar nichts über Migräne.

Neulich auf der Chirurgie. Ich wollte vor einer Blinddarmoperation gern besprechen, wie ich Migräne verhindern könnte — verständnislose Blicke. „Wir haben hier Triptane, falls Sie Migräne bekommen." In der Migränegruppe von Bettina Frank fand ich die nötigen Tipps zur Vorsorge. Extra Infusion mit Glucose verlangen, keine Ibus wegen der Blutgerinnung, Kopfhörer gegen die schreiende Nachbarin. Bei „Vorerkrankungen" stand auf meinem Aufnahmebogen „keine". Migräne gilt halt nix.

Die Menschen kreisen vermehrt um sich selbst

Bettina Frank moderiert die Gruppe souverän. Sobald esoterische Tipps vom Wunderheiler kommen, wird gelöscht. Und wer übers Wetter jammert, wird von Frank stracks verwiesen: „Das Wetter können wir nicht ändern. Dafür haben wir unseren Jammerthread." Keine Frage, für die Migräne-Influencerin Phia Quantius wäre diese Facebook-Gruppe kein „Safe Space".

„Jammertanten brauchen wir gar nicht", findet Bettina Frank. Sie rät davon ab, die Kopfschmerzen zum Lebensthema zu machen. „Ich bin doch nicht nur Migränikerin. Ich bin Frau, Mutter,

social-media- und talktauglich sind. Auch über ADHS und Depression, über Autismus und Hypersensibilität wird so viel gesprochen, dass man kaum noch mitkommt. Dinge, die bis gerade eben noch versteckt und verheimlicht wurden, sind plötzlich identitäts-bildend. Gestern noch tabu — jetzt talk of the town. Ist das denn gut, empo-wernd, ein Fortschritt für unsere Ge-sellschaft? Gern hätte ich das mit Phia selbst besprochen, aber auf Anfragen — über Instagram wie übers Tourmanage-ment — reagiert sie leider nicht.

Wer den Gemütszustand der Deut-schen verstehen will, trifft am besten Stephan Grünewald in Köln, der regel-mäßig „Deutschland auf die Couch" legt. Grünewald leitet seit vielen Jahren das Rheingold-Institut, mit seinem rheinischen Singsang stellt er immer wieder der kollektiven Psyche von uns Deutschen eine Diagnose. Zu fast allem hat er schon geforscht, auch meine

20?" Er glaubt, dass die neue Empfind-samkeit auch eine Gegenreaktion gegen ein toxisches Männerbild ist, das diese Generation zu Recht ablehnt, den alten, weißen, gewalttätigen Mann.

Eigentlich klingt das alles sehr sympa-thisch. Empfindsam sein, ins Helle treten. Ein bisschen sei es, sagt Grünewald, wie bei den Leiden des jungen Werther. Als Goethe sein Stück schrieb, öffnete er in einer verknöcherten Welt viele Herzen. Allerdings: Nach Veröffentlichung des Stücks begingen viele junge Leute Suizid, der „Werther-Effekt". Manche, sagt Grünewald, hätten dann eben gar nicht mehr rausgefunden aus diesem Gefühl, ihr Schicksal sei unabwendbar.

Das Leben ist nicht nur krank, es ist auch komisch

Wie wird es weitergehen mit den jungen Menschen, die jetzt die Öffent-lichkeit suchen mit ihren Krankheiten und psychischen Problemen? Tragen sie dazu bei, dass unsere Gesellschaft offener wird und toleranter für alle, die ein bisschen anders sind? Das wäre wunderbar. Oder kreist jede, die über ihr Leiden postet, textet und filmt, nur noch um sich selbst? Und macht sie damit anderen umso mehr Angst, hin-dert sie daran, das Leben in all seinen Facetten zu genießen?

Zurück in die Kölner Kulturkirche. Die Show ist fast vorbei, Phia hat aus ihrem Buch vorgelesen, von verpassten Schulstunden, Festivals und Urlauben er-zählt, durchaus mit Humor. Migräne, so ist man sich nach 90 Minuten in dieser Kirche einig, „ist ein Arschloch". Eigent-lich, sagt Phia, hätte sie jetzt „krass Lust", den Begleithund unten in den Kirchen-bänken zu kraulen, aber ein, zwei Fragen könne man noch stellen. Gleich bei der ersten fließen die Tränen. „Ich habe erst seit zwei Monaten Migräne", schluchzt eine junge Frau, „und voll Angst vor diesen Triptanen, dass ich da gar nicht drauf klarkomme. So wie du."

Oje, hoffentlich ist das jetzt nicht der Werther-Effekt. Am liebsten würde man zu ihr hingehen, sie in den Arm nehmen und sagen: Come on, das Leben ist nicht nur krank, es ist auch komisch. Und übrigens, draußen ist es noch hell.   <

„Die Generation unserer Kinder bekennt sich zu ihren psychischen Problemen und zu Schmerzkrankheiten."

Geliebte, Staatsbürgerin." Sie glaubt, der Boom um Achtsamkeit und Meditation habe den Trend verstärkt, vermehrt um sich selbst zu kreisen. Und um seine Kopfschmerzen. Allerdings: Das Leugnen von uns älteren Migränikerinnen findet sie im Nachhinein auch falsch. Sie selbst traute sich beim ersten Klinikaufenthalt noch nicht mal, im Büro den wahren Grund zu sagen. „Ich dachte, die halten mich für bekloppt." Heute, im Jahr 2025, rät sie zu einer sachlichen Selbstaus-kunft. Beim Arbeitgeber wie beim Part-ner klar sagen: „Ja, ich habe Migräne. Das ist eine angeborene neurologische Er-krankung. Aber ich habe sie im Griff."

Im Griff — das ist natürlich wieder so ein Boomerwort. Das wollen viele junge Leute nicht. Sie wollen die Krankheit nicht „beherrschen", sondern verlangen Respekt für diesen Teil ihrer Persönlich-keit. Denn es sind ja nicht nur die Migräne und der Kopfschmerz, die neuerdings

Anfrage zur Migräne findet er sofort interessant. Wir treffen uns in Köln beim Italiener, Blick auf den Dom.

Grünewald, Jahrgang 1960, ist nicht nur Psychologe, sondern auch mehr-facher Vater in einer Patchworkfamilie. Er hat beobachtet: Junge Leute kehren sich von der erschöpften Betriebsamkeit ihrer Eltern ab, steigen aus dem Hamsterrad aus. „Auch weil sie gesehen haben, wie erschöpft wir Eltern bisweilen waren."

Die Generation unserer Kinder be-kennt sich zu ihren psychischen Pro-blemen und eben auch zu Schmerz-krankheiten. „Das ist ja erst mal ein Kulturfortschritt", lobt der Psychologe, „ein Schritt vom Dunkeln ins Helle."

Aber auch der Psychologe der Nation ist manchmal irritiert, wenn 20-Jährige so viel über ihr Leiden sprechen. „Das war früher der Generation 70plus vorbe-halten. Da sprach man beim Wein nur noch über Krankheiten. Aber mit Mitte

Erschienen in chrismon

Miterleben

Kinos sind Schulen des Mitgefühls: Man lacht, liebt und leidet mit den Figuren auf der Leinwand. Diese Filme eignen sich zur Aufführung in der Gemeinde im Rahmen der Fastenaktion

Der Frosch ist neu in der Klasse.

Ballspiel in einer Pflegeeinrichtung.

Das innere Leuchten

Demenz verstehen — oder einfach mitfühlen? Dieser Dokumentarfilm taucht ein in den Alltag in einer Stuttgarter Pflegeeinrichtung und legt den Focus auf positive Momente und Begegnungen. Frei von Vergangenheit und Zukunft erwächst eine Möglichkeit, nur den Moment zu erleben. Der Film nimmt sich Zeit für diese Augenblicke, entdeckt gemeinsam mit seinen Protagonisten die Langsamkeit, Mühseligkeit und die Schönheit der stets wiederkehrenden Rituale des Alltags. Mit großer Wertschätzung dürfen Traurigkeit, Heiterkeit und Nachdenklichkeit unkommentiert für sich sprechen. „Das innere Leuchten" baut eine starke emotionale Nähe zu den Protagonisten auf und unternimmt den Versuch, ihren Blick auf die Welt erfahrbar zu machen.

Ruhiger Dokumentarfilm, 95 Minuten, Deutschland, 2019
Empfohlen ab 16 Jahren (FSK-Freigabe ab 6)
Filmkritik: www.epd-film.de/filmkritiken/das-innere-leuchten

Stein im Schuh

Ein Schüler kommt zum ersten Mal in seine neue Klasse. Er ist kein Kind wie die anderen, er ist ein Frosch unter lauter Kaninchen. In einem sanften, poetischen Animationsstil erzählt uns der Film von den Alpträumen und Ängsten eines geflüchteten Kindes. Einige seiner Mitschüler:innen beginnen, ihn zu verstehen, und helfen ihm mit ihrer Freundschaft.

Künstlerischer Animationsfilm ohne Dialog, 12 Minuten, Frankreich / Schweiz, 2020
Empfohlen ab 10 Jahren

In Liebe, Eure Hilde

Berlin 1942. Hilde (Liv Lisa Fries) ist verliebt. In Hans (Johannes Hegemann). In ihrer Leidenschaft vergessen die beiden oft Krieg und Gefahr. Dann sind sie nur zwei junge Menschen am Beginn ihres Lebens. Hilde bewundert den Mut ihres Liebsten. Er bewegt sich in Widerstandskreisen. Sie selbst ist eher ängstlich, beteiligt sich aber immer beherzter an den Aktionen einer Gruppe, die man später die „Rote Kapelle" nennen wird. Es ist der schönste Sommer ihres Lebens. Als er sich neigt, werden alle verhaftet. Und Hilde ist im achten Monat schwanger. Im Gefängnis bringt sie ihren Sohn zur Welt und entwickelt eine Kraft, die ihr niemand zugetraut hätte. Der Film erzählt eine nahezu zeitlose, wuchtige Liebesgeschichte über Anstand und Widerstand, Intuition und zivile Courage, Würde und Angst. Der Film basiert auf der wahren Geschichte von Hilde und Hans Coppi, die in Berlin Plötzensee hingerichtet wurden. Insgesamt wurden zwischen 1942 und 1943 mehr als 50 Mitglieder der „Roten Kapelle" ermordet.

Bewegender Spielfilm, 121 Minuten, Deutschland, 2024. Empfohlen ab 14 Jahren (FSK-Freigabe ab 12) Filmkritik: www.epd-film.de/filmkritiken/liebe-eure-hilde

Hans und Hilde sind manchmal auch einfach nur glücklich.

Imani (l.) ist von Abschiebung bedroht.

Willkommen in Los Angeles

Es ist eine folgenreiche Begegnung: Die Nigerianerin Imani (Destiny Faith Nelson), berufstätige alleinerziehende Mutter, lebt und arbeitet seit sieben Jahren in Los Angeles, als sie auf der Arbeit erfährt, dass sie innerhalb von 30 Tagen das Land verlassen muss. Auf dem abendlichen Heimweg trifft sie auf eine junge Mexikanerin (Stacey Patino), die ebenfalls in Not ist. Ihr kleiner Sohn kommt am Flughafen an. Der Verwandte, der ihn abholen sollte, ist nicht zu erreichen. Ihr aber droht am Flughafen die Verhaftung, da sie sich ohne Papiere in den USA aufhält. Imani verspricht, den Jungen am Gate in Empfang zu nehmen. Doch die Bundespolizei ist bereits auf das Kind aufmerksam geworden … Autorin, Regisseurin und Produzentin Lisa Cole produzierte diesen preisgekrönten Kurzfilm nach einer wahren Begebenheit.

Realistischer Kurzspielfilm, 17 Minuten, USA, 2023 Empfohlen ab 14 Jahren (FSK-Freigabe ab 6)

15

„Checker Tobi" checkt
die Gefühlswelt ab.

Der Gefühle-Check

Wir alle kennen und haben Gefühle.
Checker Tobi findet heraus, wie unsere
Gefühle entstehen und warum sie so
wichtig sind. Er trifft sich mit Ärztin
Stella und erfährt, wie sich Gefühle und
Emotionen voneinander unterscheiden
und was die fünf Basisemotionen sind.
Tobi trifft den ehemaligen Eishockeypro-
fi Daniel. Der hat seit ein paar Jahren
mit einer Depression zu kämpfen und
erklärt Tobi, was das genau ist. Von Syn-
chronsprecherin Yvonne erfährt Tobi,
wie es ist, Gefühle zu spielen. Die Kinder-
wissenssendung „Checker Tobi" lief von
2013 bis 2024 wöchentlich im KiKA und
im Ersten. Moderator und Namensgeber
der Sendung ist Tobias Krell.

Unterhaltsame Wissenssendung für Kinder,
25 Minuten, Deutschland, 2021
Empfohlen ab 6 Jahren (FSK-Freigabe ab 6)

Alles steht Kopf

Im Hauptquartier, dem Kontrollzentrum im Kopf
der elfjährigen Riley, leisten fünf Emotionen
Schwerstarbeit: Angeführt von der optimistischen
FREUDE, die Riley immer nur glücklich sehen
möchte, sorgt sich ANGST ständig um Rileys Sicherheit, während WUT auf der Suche nach Gerechtig-
keit bisweilen die Hutschnur platzt. Und die aufmerksame EKEL schützt den Teenager davor, sich zu
vergiften — körperlich oder mental. Nur die un-
glückliche KUMMER weiß nicht so recht, was ihre
Aufgabe ist — nun ja, die anderen offensichtlich
aber auch nicht. Als Rileys Familie eines Tages vom
Land in eine fremde große Stadt zieht, sind die Emotionen gefragt, Riley durch die bislang schwerste
Zeit ihres Lebens zu helfen. Aber als FREUDE und
KUMMER durch ein Missgeschick tief im Gedächtnis
des Mädchens verschwinden, liegt es an den anderen drei Emotionen, das Chaos in den Griff zu bekommen. Es beginnt eine aufregende Reise durch
ihnen unbekannte Hirnregionen wie das Langzeit-
gedächtnis, das Fantasieland, das abstrakte Denken
und die Traum-Studios, die von den beiden Emotionen alles abverlangt — auch über den eigenen
Gefühlsrand hinauszuwachsen …

Animationsfilm, 91 Minuten, USA, 2015
Empfohlen ab 10 Jahren
Filmkritik: www.epd-film.de/filmkritiken/alles-steht-kopf

Die fünf Emotionen
im Cockpit: Wut,
Ekel, Freude, Angst
und Kummer.

Maria Montessori
ist anders als andere
Lehrer:innen.

Maria Montessori

Ärztin, Philosophin, Pädagogin, Mutter: Maria Montessori (Jasmine Trinca) lebt ein selbstbestimmtes, aber auch dramatisches Leben. Das in leuchtenden Farben inszenierte Historiendrama erzählt von einer starken und klugen Frau, die zu Beginn des 20. Jahrhunderts ein revolutionäres pädagogisches Konzept entwickelt: Solange man Kindern Verständnis und Liebe entgegenbringt, können sie alles lernen. Nicht Gewalt und Disziplin, sondern ihre Freiheit wird zeigen, welche Schätze in den Kindern verborgen sind. Regisseurin Léa Todorov zeigt ein gefühlvolles Drama, das allerdings eine kritische Auseinandersetzung mit der nicht unumstrittenen Reformpädagogik und ihrer Erfinderin außen vorlässt.

Spielfilm, 100 Minuten, Frankreich/Italien, 2023
Empfohlen ab 14 Jahren
Filmkritik: www.epd-film.de/filmkritiken/maria-montessori

Mit Gefühl

Tereek (Steven Prescod) ist verzweifelt auf der Suche nach einer Schlafmöglichkeit für die anstehende Nacht, als er auf Artie (Robert Tarango) trifft, der mit einem Schild in den Händen am Straßenrand steht: „Ich bin taub und blind. Tippen Sie mich an, wenn Sie mir über die Straße helfen können", ist darauf zu lesen. Tereek kann ihn trotz seiner eigenen schwierigen Lage nicht allein zurücklassen. Das ungewöhnliche Duo verbringt die nächsten Stunden miteinander, in der sie ihre Form der Kommunikation und des Kennenlernens, langsam und behutsam, finden. Diese intensive menschliche Begegnung lässt zwischen den beiden eine gegenseitige Verbundenheit wachsen, die sie sichtlich berührt. Regisseur Doug Roland gelang ein Plädoyer für Nächstenliebe und Solidarität.

Kurzspielfilm, 19 Minuten, USA, 2020
Empfohlen ab 14 Jahren

Annäherung
in den Straßen
von New York.

Woanders

MASHA QRELLA
(2021)

MUSIKTIPPS

Feelings

Der Soundtrack für
die Fastenaktion 2026: Gefühlvoll,
aber nie weichgespült

**CLAUDIUS
GRIGAT**
Redakteur und
Musikkritiker

Als die Ost-Berlinerin Masha Qrella 14 Jahre alt ist, hört der Staat, in dem sie lebt, auf zu existieren. Die alten, bedrückenden Regeln gelten nicht mehr, die neuen sind ihr noch nicht geläufig. Eine Art Zwischenwelt, sagt die Musikerin. Dieses Gefühl findet sie später in den Gedichten von Thomas Brasch wieder, auch wenn diese lange vor dem Zerfall der DDR geschrieben wurden. Brasch, Autor, Regisseur und Sohn eines regimetreuen Funktionärs, reiste 1976 in den Westen aus. Ein zerrissener Wanderer zwischen den Welten, der in einem seiner Gedichte schrieb: „Bleiben will, ich, wo ich nie gewesen bin."

Masha Qrella beginnt, die Gedichte Braschs zu vertonen, es entstehen ein Bühnenprogramm, ein Hörspiel und ein Album. Sie nennt es „Woanders", nach dem gleichnamigen Brasch-Gedicht, das Gedanken der Sehnsucht durchbuchstabiert:

„Wenn man woanders wär' / Vielleicht an der Küste / Oder vielleicht nebenan ..." Sie fügt aber Worte ein, die im Originaltext nicht auftauchen: „Wo ist man woanders und wo ist man anders?" Auf diese Zeilen sei sie in einem Manuskript in Braschs Archiv gestoßen, erzählt Qrella. Da waren sie durchgestrichen. Diese Frage aber formuliert besonders gut die Sehnsucht, nach der die erste Fastenwoche forscht: Was höre ich, wenn ich auf mein Herz höre?

2. Woche
Weite

Smalltown Boy

BRONSKI BEAT (1984)

„Smalltown Boy" ist der erste große Hit der Band Bronski Beat. Sänger Jimmy Somerville schrieb am Text mit, es ist zum guten Teil seine eigene Geschichte. Somerville hatte früh seine Heimatstadt in der Provinz verlassen, weil er sich dort als schwuler Mann nicht wohlfühlte. Im begleitenden Musikvideo sieht man ihn als jungen Mann im Zug sitzen, getrieben von Erinnerungen an Einsamkeit, körperliche Über-

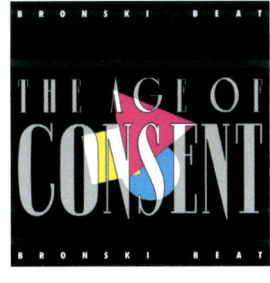

griffe, Unverständnis der Eltern. Der Zug soll ihn aus der engen Kleinstadt in die Metropole bringen.

Seit Erscheinen dieses Songs sind über 40 Jahre vergangen. Natürlich hat sich einiges verändert. Aber immer noch werden Menschen, die außerhalb der heterosexuellen Norm lieben, diskriminiert, beschimpft und misshandelt — nicht nur in der Provinz. Aktuell nimmt dies sogar wieder zu. In der Homophobie manifestiert sich Enge in doppelter Form: Es ist die Enge in den Köpfen der einen, die das Leben der anderen eng macht — manchmal so sehr, dass die Seele in Not gerät und buchstäblich das Weite suchen muss, um zu überleben. „Run away, turn away!" („Renn' davon, dreh' dich weg!"), so singen Bronski Beat. Und ihr „Smalltown Boy" rennt der Enge und der Seelennot davon.

Am Ende des Videos sieht man ihn lachend mit zwei Freunden aus dem Zug steigen. Angekommen in der großen Stadt. Man spürt förmlich, wie sich seine Seele weitet. Du „übergibst mich nicht in die Hände des Feindes", heißt es in der Bibelstelle zu dieser Fastenwoche, „du stellst meine Füße auf weiten Raum".

3. Woche
Verletzlichkeit

Boys Do Cry (feat. Trille)

IL CIVETTO (2024)

„Sag, wann hast du das letzte Mal geweint?" Das fragt die Berliner Band Il Civetto in diesem Song, den sie zusammen mit Musiker Trille aufgenommen hat. „Boys Do Cry" heißt ihr Lied. Das könnte man wohl am besten mit „Jungs weinen sehr wohl" übersetzen, denn es bezieht sich natürlich auf „Boys Don't Cry" (Jungs weinen nicht), den ikonischen Song von The Cure aus

dem Jahr 1979. Das markante Gitarrenthema des Klassikers ist hier ebenfalls zu hören.

Beide Lieder kritisieren die stereotypische Männerrolle. Im Gegensatz zu The Cure gehen Il Civetto ganz direkt vor: „Viel zu viele toxische Geschichten gelebt / Ich bin ein Mann und hab' mich immer nach was andrem gesehnt / Tausend Jahre ausprobiert, hart zu sein / Dies ist jetzt vorbei." Sie beschreiben ihre Sozialisationserfahrungen und wie unwohl sie sich dabei fühlten: „Ich bin zehn und schlüpf' in Röcke vor dem Spiegel / Unbehagen kickt, bin nie zufrieden / Schau' auf James Bond, 50 Cent und Rambo III / Ich glaub', ich pass' hier nicht rein." Die schöne Pointe in diesem Song: Man muss nicht unbedingt allein aus der Rollenerwartung ausbrechen. Man kann sich gegenseitig stärken. „Crew-Love-Power, scheiß auf Popeye / Auf dei'm Plüschteppich kann ich soft sein / Ich dachte viel zu lang, ich bin allein."

In der Bibelstelle zur dritten Fastenwoche zeigt sich Jesus seinen Freunden gegenüber ebenso verletzlich und sucht immer wieder die Gemeinschaft. Er wird zwar enttäuscht, aber er versucht es weiter. Il Civetto sind ebenso voller Hoffnung auf Veränderung und träumen von einer anderen Zukunft: „Vielleicht könn'n wir's unsern Kindern später zeigen / Dass auch echte Männer weinen."

This Is How It Feels

INSPIRAL CARPETS (1990)

„Wer ist denn mein Nächster?" lautet die Frage zur fünften Fastenwoche. Viele würden da sicher die eigene Familie nennen. Dabei ist diese nicht immer Quell des Glücks. Inspiral Carpets beschreiben in der ersten Strophe eine sprachlose Mutter, einen hilflosen Vater, einsame Kinder: „So this is how it feels to be lonely / This is how it feels to be small / This is how it feels when your word means nothing at all" („So fühlt es sich an, einsam zu sein, klein zu sein, wenn dein Wort überhaupt keine Bedeutung hat"). In der zweiten Strophe wird von einer Beerdigung berichtet: Ein wohlhabender Mann, der alles zu haben schien, hatte sich unter einen Zug geworfen. Für das Radio wurde damals der Hinweis auf den Suizid entfernt, dafür wird eine Affäre mit der Mutter aus der ersten Strophe angedeutet. „Im Song geht es um Untreue, Täuschung, mentale Gesundheit, Selbstmord und Einsamkeit", sagt Texter Clint Boon in einem Interview. Die Inspiral Carpets bieten keine Lösung an. Sie versuchen lediglich nachzufragen, wie sich das anfühlt und möglicherweise etwas zu verstehen. Sie werben für Mitgefühl. Auch in dem Wissen, dass es nicht immer einen Ausweg gibt. Zum Beispiel für Schlagzeuger Craig Gill, der auf „This Is How It Feels" zu hören ist. Er nimmt sich im November 2016 das Leben.

Where Is The Love?

THE BLACK EYED PEAS (2003)

Mitgefühl ist eine der wirkmächtigsten und dehnbarsten Erscheinungsformen von Liebe. Ist den Menschen beides abhandengekommen? Wo ist die Liebe — Where is the love?, fragen Black Eyed Peas angesichts von Krieg, Gewalt und Ungerechtigkeit. Gemeint ist damit auch: Wo ist das Mitgefühl? Der Song entstand nach dem Eindruck des Anschlags vom 11. September und wurde 2003 während des Irak-Kriegs veröffentlicht. „People killin', people dyin' / Children hurt, and you hear them cryin'" (Menschen morden, Menschen sterben / Kinder sind verletzt, und du hörst sie weinen). Er prangert Ganggewalt und Rassismus an, verurteilt Falschinformation, Gewaltdarstellungen und fehlende Werte. „Can

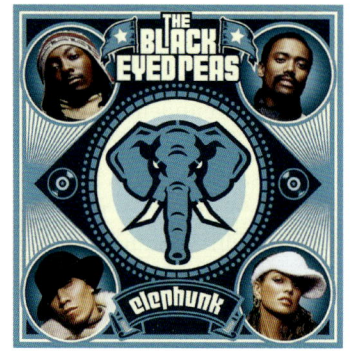

you practice what you preach? / And would you turn the other cheek?" (Kannst du deinen Worten Taten folgen lassen? / Würdest du die andere Wange hinhalten?).

Im Jahr 2016, nach einer Reihe von weiteren Terroranschlägen, veröffentlichten Black Eyed Peas eine neue Version, diesmal aufgenommen mit zahlreichen prominenten Mitstreiter:innen. Im Refrain bitten sie wieder eindrücklich: „Father, father, father, help us / Send some guidance from above" (Vater, hilf uns / schicke uns Orientierung von oben). Bandmitglied will.i.am sagt im Interview, dass es ja ganz schön sei, wenn man in Sozialen Netzwerken Herzchen postet, aber das reiche nicht. Die Band spendet sämtliche Einnahmen der neueren Version an soziale Einrichtungen und Stiftungen.

6. Woche
Sanfte Töne

Killing Me Softly

ROBERTA FLACK
(1973)

7. Woche
Furcht und große Freude

Glad

SAINT ETIENNE (2025)

Trauer, Furcht und große Freude — alles Emotionen eines einzigen Morgens, des Ostermorgens. Große Gefühle, die ausgehalten werden müssen. Geteilt werden wollen. Ineinander übergehen, teilweise gleichzeitig stattfinden. Denn die Trauer verschwindet ja nicht, aber sie verwandelt sich, tritt für andere Gefühle in den Hintergrund. Dieser Song erzählt genau das, mit ganz wenigen, gezielt gesetzten Worten. Und mit seiner Musik. In den Strophen geht es zu stakkatohaften Dancebeats um die Sehnsucht nach

„Killing me softly" geht auf einen Abend im Jahr 1971 zurück: Die junge Folk-Sängerin Lori Lieberman besuchte ein Konzert des Musikers Don McLean in Los Angeles. Sie war tief berührt.

Warum, das beschreibt sie in dem sanften Lied, dass sie daraufhin gemeinsam mit Norman Gimbel und Charles Fox verfasste: „He sang as if he knew me / In all my dark despair." (Er sang, als würde er mich kennen / in meiner ganzen düsteren Verzweiflung). Sie fühlte sich wahrgenommen und gesehen, in ihrer Tiefe, in ihrem Schmerz. Entsprechend sollte die Titelzeile auch erst „Killing Me Softly

With His Blues" heißen und damit auf das Musikgenre anspielen, das wie kein anderes für Schmerzbewältigung steht.

Berühmt wurde der Song aber erst zwei Jahre später, durch Roberta Flack. Die erfolgreiche Soulsängerin hörte ihn der Legende nach auf einem Flug im Bordprogramm und habe sofort gewusst, dass sie ihn sich zu eigen machen wollte. Unzählige Stunden feilte Flack dann an ihrer eigenen Version. Sie sang das Lied das erste Mal vor Publikum, als sie zu einer ungeplanten Zugabe noch einmal auf die Bühne geholt wurde. Die Konzertgäste reagierten beeindruckt, und Roberta Flack nahm „Killing Me Softly" für ihr nächstes Album auf. Das Stück wurde ein Welterfolg, und es folgten viele weitere Coverversionen, die bekannteste ist die der Fugees — ein weiterer Megahit. Das Erfolgsrezept dieser sanften Töne? Vielleicht die Ehrlichkeit. Roberta Flack formulierte es einmal so: „Meine Musik ist der Ausdruck dessen, was ich in einem Moment fühle und glaube."

besseren Zeiten und die Leere im Herzen. Vor dem Refrain pausieren jeweils die Beats. Es folgt eine eher traurige Bestandsaufnahme: „Don't it make you sad / When you are lonely?" (Macht es dich nicht traurig, einsam zu

sein?), um dann übergangslos die Beats wieder aufzunehmen, eine jubelnde Gitarre einzusetzen und musikalisch mit aller Kraft aufzusteigen: „Don't it make you glad / ... / To be alive?" (Macht es doch nicht glücklich, lebendig zu sein?). Auferstehung mit allen gemischten Gefühlen, die man spüren und tanzen kann! „Der Song handelt davon, sich an alltäglichen Dingen wie der Natur und der Umgebung zu erfreuen, wenn das Leben einen sonst herunterzieht", erklärt Bandmitglied Pete Wigg.

Die Fans werden Glad ohnehin mit gemischten Gefühlen hören. Denn das Album dazu soll das letzte sein, kündigte die Band an. St. Etienne wollen nach 35 Jahren ein Ende finden — aber eines „mit einem großen Knall". Mit Musik, die weiterlebt ...

Andachtsimpulse
zu den Bibelstellen
der sieben Fastenwochen.
Mit Fragen für
den Einstieg ins
Gruppengespräch

Inne-halten

Mein Gott!
Gib mir ein hörendes Herz.

Woche 1

Sehnsucht

1. Könige 3,7.9 (in Auswahl),
(Basisbibel)

Ja, mein Herz soll hören.
Nicht nur schlagen.
Nicht hart werden.
Nicht alles erklären wollen.
Mein Herz soll sich hinfühlen
zu anderen Herzen.

Mein Herz soll sich berühren lassen.
In einer Zeit, in der Worte oft Waffen sind.
Von Geschichten des Friedens.
Vom Charme der Güte.

Mein Herz soll nicht immer sofort antworten.
Es soll fragen:
Wie geht es dir — wirklich?
Wo tut es weh?
Was kann ich für dich tun?

Mein Herz möge sich nicht erheben.
Sondern sich hineinfühlen in das Fremde,
Unvertraute, Unbequeme, in das Neue.
Ja, mein Herz: weine mit. Lebe mit.
Schäme dich nicht für Tränen.
Mein Herz, zögere nicht zu trösten.
Neulich in der Straßenbahn.

Die 107 am Hauptbahnhof.
Eine Frau mit Kind auf dem Schoß.
Und einem leeren Blick.
Das Kind schrie.
Nicht trotzig.
Eher wohl erschöpft. Überfordert.
Niemand sagte etwas.
Ich auch nicht. Erst nicht.
Dann sah ich, dass ihre Hände zitterten.
Vor Wut? Vor Erschöpfung? Vielleicht
vor Scham?
Ich nickte ihr zu. Klein, langsam.
Sie nickte zurück. Zögerlich.
Und dann lächelten wir uns an.
Zerbrechlich.
Wie ein Versprechen: Ich halte durch.
Ein Moment Verbundenheit.
Ich stieg aus.
Und die kleine Begegnung ging noch mit mir.

Mein Herz hat Kammern.
Manchmal wohnt dort die Kälte.
Ich spüre sie, wenn ich Nachrichten höre.
Wenn ich den Schmerz leugne.
Wenn ich mich schütze mit Zynismus
und die Kammern verschließe.
Wenn ich lieber recht habe,
statt hörend zu bleiben.

Mein Herz wird durchströmt
noch von einer anderen Kraft.
Beständig. Sanft. Mit Leichtigkeit.
Von Licht, das nicht blendet, sondern wärmt.
Von der Stimme, die sagt:
„Du bist nicht allein."
Ich nenne sie: die Ewige.
Quelle des Mitgefühls.
Schöpferin des Herzenhörens.
Die mir zutraut, weich zu sein.

Ja, mein hörendes Herz —
ist kein Besitz, sondern eine Bitte.
Ein Gebet, umgeben von Alltag und Lücken.
Eine zarte Fastenbitte:
Nicht weghören.
Nicht gewöhnen.
Sondern hinfühlen.

Mein Herz möge sich erinnern:
An die Würde in jedem Gesicht.
An die Hoffnung in jedem Riss.
An die Menschlichkeit.
An die Wärme heiliger Nähe.

Ja, mein Herz möge das Hören lernen:
Und mit dem Hören das Fühlen.
Und mit dem Fühlen das Leben.

IMPULSFRAGEN:

1. Was fühle ich, wenn ich diesen Text höre (oder lese)?
2. Wo möchte ich besser hinhören?
3. Welche Sehnsucht lebt in meinem Herzen?

CHRISTINA BRUDERECK

Theologin und Autorin
www.christinabrudereck.de

Woche 2

Weite

Psalm 31,8–9 (Lutherbibel 2017)

KONSTANTIN SACHER

Theologe und Journalist

Es gibt handfeste, sichtbare Feinde im Leben eines Menschen. Und es gibt unsichtbare, die sich langsam einfressen und Not in der Seele erzeugen. Angst und Hoffnungslosigkeit sind solche Feinde, sie fallen mir bei diesem Bibelvers ein. Wenn sie da sind, wird meine Brust eng, Körper und Geist sind wie gelähmt.

Es gibt unterschiedliche Strategien, damit umzugehen. Meine ist es, der Enge in der Brust etwas entgegenzusetzen: Erlebnisse, in denen ich den weiten Raum Gottes spürte. Manchmal hilft es schon, sich daran zu erinnern, und mein Herz wird wieder weiter und weicher.

Wir machen zwei Mal im Jahr Urlaub in Kärnten. Am Ossiacher See sieht man sie immer fliegen, die Paraglider. Von Wind und der Thermik getragen gleiten sie bis zu acht Stunden durch den Himmel, überwinden Berggipfel, legen Hunderte von Kilometern zurück. Für hundert Euro nehmen sie einen mit. Das haben wir ausprobiert. Auf dem Video, das der Pilot während des Flugs aufgenommen hat, kann man mein seliges Lächeln sehen. Ich schwebe 2000 Meter über dem See, an ein paar Schnüren, in den Händen eines fremden Menschen, erhoben von der Weite des Raums, der sich mir aufgetan hat. Das war ein Gefühl der Freiheit und für mich auch ein Gegenmittel gegen die Enge der Angst.

Göttliche Weite spüren — das kann ich aber auch auf eine andere Weise. Ich liebe Büchereien, ganz besonders alte. Die Heidelberger Universitätsbibliothek zum Beispiel. Dort saß ich während meines Studiums beinahe täglich, umgeben von hohen Bücherregalen. Ein Tisch und viele, sehr viele Buchstaben. Hier tat sich keine unendlich scheinende Ferne vor mir auf wie beim Paragliden. Mein Kopf war gesenkt. Trotzdem habe ich mich selten so „geweitet" gefühlt wie in dieser Zeit. Nichts musste ich tun außer Lesen und Lernen. Mir Wissen aneignen und Zusammenhänge verstehen. Fremde Gedanken aufsaugen und eigene entwickeln. Der Raum, der sich mir damals auftat, war so groß und offen, dass ich ihn heute noch gern bewohne. Ab und zu versuche ich auch, ihm noch mehr Weite zu geben.

Ich freue mich, Gott, und es macht fröhlich, dass du mich diese Weiten erfahren lässt — das kann ich wohl sagen. Du lässt meine Füße auf weitem Raum stehen. Danke.

 IMPULSFRAGEN:

1. Wo habe ich mal die Weite des Raumes gespürt?

2. Kann ich dieses Erlebnis wiederholen?

3. Was passiert in meiner Brust, wenn ich jetzt daran denke?

*Ich freue mich und **bin fröhlich** über deine **Güte**, dass du mein Elend ansiehst und kennst die Not meiner Seele und übergibst mich nicht in die Hände des Feindes; **du stellst meine Füße auf weiten Raum.***

 Diesen Beitrag können Sie downloaden, s. Info im Inhalt.

Und Jesus sprach zu seinen Jüngern: Meine Seele ist betrübt bis an den Tod; bleibt hier und wachet! (…) Und er kam und fand sie schlafend und sprach zu Petrus: Simon, schläfst du? Vermochtest du nicht eine Stunde zu wachen?

Woche 3

Verletzlichkeit

Markus 14,34.37 (in Auswahl)
(Lutherbibel 2017)

Sind Sie von einem Hai angegriffen worden?", fragte mich der Fremde im Freibad und schaute neugierig auf meine Beine. „Ja, es war an einem stürmischen Tag da hinten bei der Rutsche, ich glaube, der Hai ist noch da." Ich wünschte, ich hätte das geantwortet. Stattdessen sagte ich wahrheitsgemäß „Nein, das war ein Auto". Dann breitete ich weiter das Badetuch aus.

Seit einem Autounfall als Kind habe ich viele Narben an meinen Beinen. Nur dort. Deshalb zeige ich meine Beine selten. Aber ich selbst sehe sie natürlich täglich. Sie erinnern mich immer wieder an meine Verletzlichkeit. Sie erinnern mich an die Krankenhäuser, die Schmerzen, die Ängste. An die Abende, als ich allein und meinen Gedanken ausgeliefert war. Ich wurde von meiner Familie begleitet und ermutigt, ich hatte aufmerksame Pflegerinnen und Ärztinnen und Ärzte, und ich bin für ihre Hilfe dankbar. Aber am Ende war ich es selbst, der sich durch die Gymnastik quälte, der die Gänge auf und ab lief, der den Rollstuhl verließ. Darauf bin ich stolz. Nach mehreren Monaten bin ich mit der Rekonvaleszenz viel weitergekommen, als alle damals dachten, und heute wissen viele gar nicht, dass ich behindert bin.

Das ist die eine Seite. Andererseits bin ich nie wieder ganz gesund geworden. Damit meine ich nicht nur die körperliche Fitness. Ich meine ein Wissen, das mir in den Knochen steckt. Das Wissen, dass alles in jedem Moment anders sein kann. Und dass für mich alles anders sein könnte, ohne diesen Unfall. So viele Möglichkeit wurden mir genommen. Bis heute spüre ich Trauer um das, was ich verloren habe, auch wenn ich mein Leben wunderbar und strahlend finde. Diese bei-den Gefühle, Stolz und Trauer, gehören für mich zum Wissen um meine eigene Verletzlichkeit.

Es ist eine Erleichterung, zu erzählen, was mir passiert ist und was ich gelernt habe. Oft geschieht dann etwas Erstaunliches. Das Gegenüber öffnet sich und erzählt auch von seinen Wunden. Das war schon so im Krankenhaus, als ich als kleiner Junge mit meinen erwachsenen Zimmernachbarn sprach. Sie alle hatten ihre Geschichten, die sie in die Klinik geführt hatten. Manche habe ich auch vierzig Jahre später nicht vergessen. Wir haben unsere Wut, unsere Verzweiflung, unsere Stärke geteilt. All das hat uns verbunden, all das gehört zu unserer Menschlichkeit.

Verletzlichkeit ist für mich nichts Negatives, trotz aller traurigen und schmerzhaften Phasen meines Lebens, die damit zusammenhängen. Dass wir verletzlich sind, bedeutet für mich vor allem, dass wir vorsichtig und zärtlich miteinander umgehen sollten, dass wir uns gegenseitig helfen sollten, mit den Wunden und Narben zu leben. „On and on the rain will say how fragile we are", singt Sting. Ja, der Regen wird immer wieder sagen, wie zerbrechlich wir sind. Aber wir können füreinander Regenschirme sein.

CHRISTIAN ENGELS

Leiter der Filmkulturellen Arbeit der EKD im Gemeinschaftswerk der Evangelischen Publizistik (GEP)

 IMPULSFRAGEN:

1. Füreinander Regenschirm sein – kann ich mit diesem Bild etwas anfangen?

2. Wem und wann kann ich meine Narben zeigen?

3. Kann ich es ansprechen, wenn mich jemand verletzt?

Woche 4

Mitgefühl

Römer 12,15

(Lutherbibel 2017)

Freut euch mit den Fröhlichen, weint mit den Weinenden

MILINA REICHARDT-HAHN

Pfarrerin und ehemalige
Journalistin

Frühmorgens kommt der Mann wie immer mit frischen Brötchen vom Nachtdienst nach Hause. Da liegt seine Frau noch im Bett, was sie sonst nie tut. Reglos. Der Notarzt versucht noch mal viel, kann aber nicht mehr helfen. Der Mann wird ohnmächtig. Der Arzt kümmert sich um ihn, muss aber irgendwann weiter. Bei mir geht der Anruf zur Notfallseelsorge ein.

Wenig später sitzen der Mann und ich in seiner Küche. „Wollen Sie Kaffee?", hat er gerade gefragt. Gewohnte Handgriffe sind gut, denke ich. Und sage: Danke, ja. Auf dem Tisch Zigaretten. Er nimmt sich eine und hält mir das Päckchen hin. Wir schweigen, wir rauchen. Wir reden ein bisschen. Der Kaffee ist fertig.

Morgen wird der Mann 70. Familie und Freunde wollten zur Feier anreisen. Er sucht im Handy nach einer Nummer und wählt. Als jemand abnimmt, hält er es mir zum Ohr. Vor Schreck muss ich die passenden Worte erst zusammensuchen, dann erzähle ich, was passiert ist. Das Ganze ein paarmal. Nur mit der Tochter seiner Frau spricht der Mann selbst ein paar Sätze, bei allen anderen schüttelt er stumm den Kopf. Zwischen den Anrufen: Pause. Noch Kaffee? Wir reden. Zigarette.

Wir rauchen jeder fünf oder sechs davon. Für mich also etwa so viele wie im gesamten Leben davor. Lässt sich der paulinische Gedanke eigentlich ausweiten? Raucht mit den Rauchenden. Vielleicht hat Paulus bloß die Pole des Spektrums markiert. Vielleicht meinte er auch alles zwischen Freude mit Fröhlichen und Weinen mit Weinenden. Schlicht mitfühlen, mit denen neben uns, miterleben, was sie momentan durchmachen. Trauert mit den Trauernden. Klar. Tanzt mit den Tanzenden, habt Mut mit den Mutigen — gern. Auch: Zweifelt mit den Zweifelnden. Dagegen: Flieht mit den Fliehenden? Ängstigt euch mit den Ängstlichen? Ehrlich gesagt, lieber nicht. Schimpft mit den Schimpfenden? Nein. Das wäre für mich die Grenze. Für andere ist die vermutlich schon beim Rauchen erreicht.

„Freut euch mit den Fröhlichen." Wenn ich diesen Satz formal betrachte, sehe ich, dass er aus zwei Hälften besteht. Auf der einen Seite („Freut euch") steht das Ich bzw. Wir. Auf der anderen Seite („den Fröhlichen") steht das Du bzw. Ihr. Beide Teile sind verbunden durch das „mit", aber es bleiben zwei Teile. Übertragen heißt das: Im Mitgefühl werden Ich und Du enge Partner, aber wir bleiben eigenständig. Es ist meine Entscheidung, ob ich mitweine, lache, rauche oder anders reagiere. Mitfühlen meint nicht Mitleiden, nicht völlig abzutauchen ins Gefühl des Gegenübers, bis man selbst fast untergeht. Paulus schrieb übrigens auch nicht: Sucht nach Lösungen, tröstet die Weinenden, baut sie auf! Seine Botschaft ist schlicht: Fühlt mit. Denn das ist schon viel. Um mit einem Weinenden wirklich zu weinen, muss ich seine Gefühlslage erst einmal wahrnehmen. Und meine eigene zurückstellen. Das ist nicht immer leicht. Aber so kommen wir in Kontakt, das Ich und das Du, und die Gefühle verteilen sich auf mehrere Schultern. Die schweren sind dadurch leichter zu tragen, die schönen vervielfachen sich.

 **IMPULSFRAGEN:**

1. Wobei stehe ich anderen gerne bei?

2. Wo ist für mich beim Mitfühlen die Grenze erreicht?

3. Wo ist der Unterschied zwischen Mitleid und dem Mitgefühl mit Leidenden?

Diesen Beitrag können Sie downloaden, s. Info im Inhalt.

Woche 5

Nachfragen

Lukas 10,29

(Lutherbibel 2017)

MATTHIAS VIERTEL

Pfarrer und
Musikwissenschaftler

Wer ist denn mein Nächster? Die Frage des Schriftgelehrten kommt harmlos daher, aber sie hat einen Beigeschmack: Immerhin zielt sie darauf, unter welchen Gesichtspunkten Menschen ausgegrenzt werden können. Wenn grundsätzlich jeder Mensch mein Nächster wäre, erübrigt sich die Überlegung. Aber so funktioniert das Leben nun einmal nicht. Der Gelehrte legt den Finger auf den wunden Punkt. Er berührt das, womit wir täglich konfrontiert werden, etwa in der Debatte um die Verteilung der Sozialhilfen

Wer ist denn mein Nächster?

oder um Asylsuchende, bei der Vererbung des privaten Vermögens genauso wie bei der Unterstützung in der Not: Wem soll und kann in welchem Umfang geholfen werden, wen behandele ich wie meine Nächste oder meinen Nächsten und wer soll aus dem privilegierten Kreis ausgeschlossen werden?

Kurz leuchtet der Gedanke auf, wie schön es wäre, wenn es keine Unterschiede gäbe, wenn alle Menschen gleich wären und ebenso behandelt würden. Ein hellstrahlender Gedankenblitz, der aber sofort wieder verschwindet — wenn Sorgen um die eigene Familie aufkommen, wenn von mir selbst Opfer verlangt werden. So eine Hilfe kann ich nicht allen Menschen auf der Welt zukommen lassen. Die Nachfrage des Schriftgelehrten behält ihre Berechtigung.

Mit dem Gleichnis vom barmherzigen Samariter gibt Jesus eine Antwort. Die Erzählung gehört zu den populärsten in der Bibel. Schon im Kindergarten wird sie gerne erzählt,

begleitet uns durch das Leben und wird dementsprechend häufig zitiert. Und doch, obwohl sie so bekannt ist, habe ich sie lange Zeit aus einer Perspektive betrachtet, die mir inzwischen bedenklich vorkommt.

Mir schien lange klar und einleuchtend: Der in Not geratene Mensch ist mein Nächster. Ihm, dem ausgeraubten und verletzten Menschen, müsste ich helfen, wie einst der Samaritaner, den wir seitdem als barmherzigen Samariter bezeichnen. Alle anderen, die wie der Priester und der Levit achtlos vorbeigehen, bekunden damit ihre Doppelmoral, die den Glauben als Lippenbekenntnis entlarvt.

Aber das Gleichnis ist komplizierter, als es scheint. Das wird in dem Resümee deutlich. Denn in der Antwort auf die Frage, wer in dieser Geschichte denn nun der Nächste sei, ist von dem in Not geratenen Menschen gar nicht die Rede, sondern von dem Samaritaner selbst. Schon der Heidelberger Neutestamentler Gerd Theißen hat diesen Perspektivwechsel hervorgehoben: Der Nächste, das ist nicht der Adressat meiner fürsorglichen Hinwendung. Es geht also gar nicht darum, wer meine Hilfe am meisten braucht oder mir nahesteht. Entscheidend ist, wie ich selbst für jemanden zum Nächsten werde! Etwas vereinfacht kann ich die Worte Jesu auch so formulieren: Frage nicht danach, ob dieser oder jene deine Nächsten seien, werde stattdessen selbst zum Nächsten! Du selbst bist der oder die Nächste!

Dieser Wechsel der Perspektive hat Folgen: Es geht um die Person, die Empathie zeigt und Hilfe leistet. Deshalb macht es wenig Sinn, nach etwaigen Nächsten Ausschau zu halten, wenn ich dabei übersehe, dass ich selbst es bin, beziehungsweise werden sollte.

 **IMPULSFRAGEN:**

1. Kann ich den Perspektivwechsel nachvollziehen? Hilft er mir bei ethischen Fragen?

2. Wem wurde ich einmal zum/zur Nächsten?

3. Wer wurde für mich einmal zum/zur Nächsten?

Der Geist des Herrn aber wich von Saul,
und ein böser Geist vom Herrn verstörte ihn. (…)
Wenn nun der Geist Gottes über Saul kam,
nahm David die Harfe und spielte darauf mit seiner Hand.
So erquickte sich Saul, und es ward besser
mit ihm, und der böse Geist wich von ihm.

Woche 6

Sanfte Töne

1. Samuel 16,14.23
(Lutherbibel 2017)

KATHRIN OXEN

Theologin und Autorin
www.kathrinoxen.de

God save the King? In Israel war man so skeptisch, wie die meisten von uns es heute sind, was die Einrichtung einer Monarchie anging. Saul wurde zwar irgendwann feierlich zum König gesalbt. Aber über seiner Regentschaft liegt von Anfang an ein Schatten. Irgendwie hat man im Gefühl, dass die Sache nicht gut ausgeht. Und irgendwann ist es dann so weit: „Der Geist des Herrn aber wich von Saul." Ganz nüchtern und unbeteiligt wird das festgestellt. Gott saved den King nicht mehr. Gott beschützte ihn nicht länger. Und so fühlt und benimmt sich Saul dann auch wie von allen guten Geistern verlassen, abwechselnd aufbrausend und niedergeschlagen.

Die einzige Idee, die seine Leute haben: Mit Musik geht alles besser, vielleicht wird es dem König damit auch besser gehen. Und da kommt David, der junge Harfenspieler aus Bethlehem, ins Spiel — im wahrsten Sinne des Wortes. David singt und spielt am königlichen Hof. Und es klappt, Saul und wahrscheinlich erst recht seine Leute atmen befreit auf. An dieser Stelle ein kleiner Spoileralarm: Das Drama um Saul ist damit noch lange nicht am Ende. Diese Episode bleibt lediglich ein Zwischenspiel. Aus Freundschaft zwischen dem alten König und dem jungen Harfenspieler David wird Feindschaft, aus dem

Nachwuchsmusiker wird ein ernster Konkurrent um den Thron in Israel. Es gibt harte Auseinandersetzungen statt sanfter Töne. Und für Saul wird die Sache nicht gut ausgehen.

In der Geschichte von David und Saul sind es die jungen Leute, die mit Rettungsideen an den Hof kommen. Kinder und Jugendliche, die sich um die Welt sorgen und mit Ideen an die Regierungen wenden — das geschieht auch heute. Es sollte noch viel häufiger geschehen, denn die altgewordenen Herrschenden sind nicht gekommen, um zu bleiben. Sie müssen alles für die tun, die nach ihnen kommen. Eine Herausforderung und ein Konflikt, seit David an Sauls Hof gekommen ist: alte Macht gegen junge Stimmen.

Der junge David sorgt mit seiner Musik dafür, dass die Stimmung am Hof umschlägt. Er spielt die Welt wach: sanft, aber durchdringend. Denn es ist anders, als manche denken. Musik ist nicht dazu da, um abzumildern, einzulullen, zuzudecken. Sie ist da, um alles aufzuwecken, was an Gefühlen in den Herzen ist, uns froh zu machen oder traurig, uns zu trösten oder aufzuregen. Sie zeigt uns auch Gefühle in uns, die wir noch gar nicht erfahren haben. Damit wir spüren, wie lebendig wir sind. Oder sein könnten.

„Wach auf meine Seele", singt David (Psalm 108), „wach auf, Psalter und Harfe! Ich will das Morgenrot wecken." Da muss man mitsingen. Denn wir brauchen wache Menschen, alte und junge, die sich berühren lassen, die lachen und weinen und klagen. Die Psalmen Davids tun etwas an der Welt. Die Musik tut es. Sie ist nicht dazu da, um im kultivierten Ambiente von Musikinstitutionen konsumiert zu werden, mit Emotionen manchmal so gedimmt wie das Licht im Saal. Sie darf kein Schlaflied sein. Sie ist die Morgenmusik einer anderen Welt.

?! IMPULSFRAGEN:

1. Wie und wo höre ich Musik? Was löst sie in mir aus?

2. Wie bringt man frische Ideen am besten unter die Leute?

3. Gibt es sanfte Töne auch außerhalb der Musik?

Woche 7

Furcht und große Freude

Matthäus 28,8
(Lutherbibel 2017)

*Und sie gingen eilends weg vom Grab mit **Furcht und großer Freude** und liefen, um es seinen **Jüngern zu verkündigen.***

CARLA MAURER

Pfarrerin der evangelisch-reformierten Kirche
Schweiz

Die letzte Kiste ist im großen Möbelwagen verstaut. Auf der Ladefläche machen wir ein letztes Familienfoto. Dann winken wir dem Fahrer hinterher, der mit unserem Hab und Gut den langen Weg in die Schweiz auf sich nimmt. Wir schließen die Haustüre ein letztes Mal ab. Bald wird das eine andere Familie tun. Bald werden die unebenen Treppenstufen und der alte rote Teppich zu ihrem Alltag gehören. Als frisch verliebtes Paar sind wir vor elf Jahren eingezogen. Mit zwei wunderbaren Kindern, die hier ihr erstes Zuhause hatten, ziehen wir aus. Für uns geht damit eine Ära zu Ende. Wir steigen ins Taxi, das uns zum Flughafen Heathrow bringt, im Gepäck das One-Way-Ticket nach Zürich!

Wenn ich von den Frauen am Grab lese, wie sie mit Furcht und großer Freude weglaufen, dann muss ich an diesen Tag denken. Große Gefühle wirbelten wild durcheinander. Freude und Angst tanzten Tango zusammen. Ich weiß gar nicht, was ich fühlen soll, sagt man oft, wenn eine große Veränderung ansteht oder das Schicksal unserem Alltag eine neue Wende gibt. Das können selbst gewählte Veränderungen sein, oder Ereignisse, die uns ungeahnt und oft auch ungewollt einholen.

Ich stelle mir die Frauen am Grab vor. Ihr Mentor Jesus hatte seinen Tod vorausgesagt und erklärt, weshalb das so sein müsse: Sein Tod sei die Erfüllung des göttlichen Wortes. Das mag für sie auf einer spirituellen Ebene nachvollziehbar gewesen sein. Aber da war ja auch der Mensch Jesus, die reale Beziehung zu einem außerordentlichen Mann im irdischen Leben. Mit dem Tod des geliebten Freundes brach sicher eine Welt zusammen. Als sie das leere Grab entdeckten, fuhren die Emotionen bestimmt erst recht Achterbahn. Da mag die Freude gewesen sein, dass er vielleicht doch lebt. Die Angst, dass das alles nicht wahr ist. Die Furcht vor dem mysteriösen Ereignis der Auferstehung und der damit verbundenen Verantwortung für die Jünger und Jüngerinnen. Die

Nervosität, darüber zu reden und vielleicht für verrückt erklärt zu werden. Der Stolz, den Verkündigungsauftrag als erste Zeuginnen auszuführen.

Man kann sich das Wechselbad der Gefühle bei den Frauen vorstellen. Diese Geschichte war nicht ihre Entscheidung. Sie wurden in die göttliche Realität auf Erden hineingeworfen, ob sie das wollten oder nicht. Sie waren die ersten Zeuginnen am leeren Grab und hatten den Auftrag, davon den anderen zu erzählen. Ein Zurück gab es nicht. Der einzige Weg war nach vorn, mit all den großen Gefühlen im Bauch, im Kopf und im Herzen.

Gott hat uns Menschen mit einer Vielzahl an Emotionen ausgerüstet, die zuverlässig ihre Funktion als Kompass und Warnsystem ausüben. Wir haben gelernt, manche dieser Gefühle gezielt zu unterdrücken, weil wir uns vor ihnen fürchten. Dann vergessen wir, dass jede Emotion Träger einer Botschaft ist, die uns Orientierung auf dem Weg ins Ungewisse gibt. Lassen wir uns von der Freude und der Furcht an neue Ufer treiben, wie damals die Frauen am leeren Grab!

⁉ IMPULSFRAGEN:

1. Wie stelle ich mir die Frauen am Grab vor?

2. Freude und Angst – schließt sich das nicht einander aus?

3. Wie gehe ich mit überraschenden unbekannten Situationen um?

Tanzen statt reden!

Mit Bewegungsübungen durch die Fastenzeit.
Können jede Woche einzeln oder auch
im Stück getanzt werden. Geeignet für
Kinder- und Erwachsenengruppen

EINSTIEG

Stell dir vor, du bist …
ein Blatt im Wind, das sich ganz leicht und mühelos bewegt.

Du bewegst dich – mal zart, mal wild.
Mal von innen heraus, mal ist es der Wind, der dich bewegt.
Nicht um zu gefallen. Nicht um etwas zu leisten.
Sondern um zu spüren, was dich bewegt.

Tanz kann das Harte um uns herum weich machen.
Er bringt in Bewegung, was festgehalten wird –
spontan, kreativ, mitfühlend.

Und manches tanzt sich leichter, als es sich sagen lässt.
Denn nicht immer hat man gleich eine Antwort parat –
und manchmal hat sogar der Körper die bessere.

Tanz deinen ganz eigenen Weg mit allem, das dich bewegt.
Ganz leicht und mühelos. Mit ganz viel (Körper-)Gefühl.
Denn genau darum geht es in dieser Fastenzeit: Mitgefühl.
Mit uns selbst. Mit anderen. Mit dem Leben.

1. MIT SEHNSUCHT

Stell dir vor, deine Hände sind wie kleine Vögel, die vom
Wind bewegt ganz sanft im Wind gleiten.
Mal nutzen sie den Aufwind, mal in leichten Sinkflug.
Sie träumen von fernen Ländern.
Und mehr und mehr strecken sie die Arme (Flügel) aus –
und folgen langen Bahnen durch den Raum.

Super, machst du das!
Ganz genau: Sehnsucht kann ganz leicht sein. Und weit.

2. MIT WEITE

Der Blick weit in die Ferne –
fliegst du einfach weiter.
Ganz in deinem Tempo, über's weite Meer.

Fühlst dich frei,
weit
und grenzenlos.

Deine Arme öffnen sich und dein Brustraum wird weit.
Wunderbar – breite dich richtig schön aus. Guten Flug!

3. MIT VERLETZLICHKEIT

Oje … ein Flügel, eine Feder ist leicht verletzt.

Stell dir vor, du streichst ganz sanft darüber –
wie mit dem Abendwind.

Weißt du noch?
Früher haben unsere Eltern gepustet, wenn etwas weh tat

Beweg deine Flügel ganz leicht, ganz zart.
Genieß ein langes Ausatmen.
Vielleicht sogar einen kleinen Seufzer.

Du bist schon weit gekommen auf deiner Reise.

4. MITGEFÜHL

Und jetzt: Stell dir vor, wie du mit einer Feder ganz leicht
über deine Hände, deine Schultern streichst.
Fast berührungslos – wie ein Windhauch.

Und nun denk an jemanden, der so eine sanfte Berührung
gerade gut gebrauchen könnte.

Tanz weiter – mit diesen leichten Berührungen, für genau
diesen Menschen.

Er oder sie wird es nicht wissen.
Aber du wirst es spüren – ganz für dich. Am eigenen Leib.

5. MIT NACHFRAGEN

Frag mal deinen eigenen Körper – ganz leise:
„Hallo, liebe Füße … Hallo, lieber Rücken … wie geht es
euch heute?"

Frag so viele Körperteile, wie du möchtest –
am besten nacheinander, damit du besser zuhören kannst.

Denn sie sprechen ja ständig mit uns.
Aber wenn wir nie zuhören,
fangen sie irgendwann an zu schreien – mit Schmerzen.

Sie werden dir erzählen, was sie brauchen.
Und bedanke dich gern auch mal ganz leise
(in ihrer Sprache), denn sie machen jeden Tag
einen tollen Job.

SONIA RASTELLI
Tanzpädagogin mit Leiden-
schaft für Ausdruckstanz
und Improvisation
www.personaldance.de

6. MIT SANFTEN TÖNEN

Stell dir vor, du bewegst dich ganz leise –
wie auf Zehenspitzen, fast schwebend über dem Boden.

Denk an den Vogel vom Anfang –
wie er mühelos und leicht vom Wind getragen wurde.

Fast schon flüsternd –
wie der Wind, wenn er mit den Schmetterlingen spricht.

Jede Bewegung wird zu einem Flüstern.
Jeder Klang zu einer Geste.

Vielleicht gibt es eine leise Lieblingsmusik,
die du mehr spürst als hörst.

7. MIT FURCHT UND GROSSER FREUDE

Stell dir noch einmal vor, du bist ein ganz kleines Vögelchen,
das sich fürchtet vor der großen, weiten Welt.
Es macht sich ganz klein. Will sich am liebsten verstecken.

Und dann – denkt es an seinen Lieblingsbaum.
Du hüpfst fröhlich von Ast zu Ast.
Guckt ja keiner – hüpf ruhig mal auf einem Bein.

Und du wirst sehen: Unsicherheit kann richtig Spaß machen.
Dein Körper gleicht das ganz spielerisch aus
und entdeckt dabei ganz neue Bewegungen.

Wow – spür mal deine Muskeln.
Die kleinen Flügelchen breiten sich langsam aus.
Du hebst den Kopf. Verabschiedest dich vom Baum.

Und fliegst deinen ganz eigenen Weg durch die Welt.
Mal im leichten Abendwind.
Mal mitten durch den Sturm.

Und vielleicht freust du dich auch schon
auf die Begegnungen –
um mit den anderen zusammen zu fliegen …

Gottesdienstentwurf
zur Fastenaktion 2026

Mit Gefühl! Sieben Wochen ohne Härte

MARTIN VORLÄNDER

evangelischer Senderbeauf-
tragter für Deutschlandradio
und Deutsche Welle

BEGRÜSSUNG / EINSTIMMUNG

„Spiel es noch mal — und jetzt mit Gefühl!", sagt die Cellolehrerin zu ihrem
Schüler. Der Fußballtrainer sagt über
eine Spielerin aus seinem Team: „Sie hat
Ballgefühl."

Gefühl: Jemand ist technisch bereits
sehr gut. Und jetzt kommt noch etwas
dazu. Eine Verfeinerung. Das, was der
Sache Lebendigkeit gibt. Ein Verschmel-
zen mit dem, was man tut. Beim Cello
nicht nur perfekt den Bogen über die Saiten streichen, sondern die Musik spüren.
Den Fußball nicht nur präzise kicken,
sondern eins werden mit der Bewegung.
Das macht den Meister und die Meisterin.

Mit Gefühl. So heißt dieses Jahr die
Fastenaktion der Evangelischen Kirche.
„Mit Gefühl! Sieben Wochen ohne Härte".
Wenn ich mit Gefühl unterwegs bin,
dann trainiere und verfeinere ich mein
Gespür für andere. Mit-Gefühl. Ich freue
mich mit, wenn andere sich freuen. Und
ich trauere mit, wenn andere weinen.

Gott spielt im Team Mitgefühl. Das
zeigen die sieben Wochen bis Ostern. In
Jesus Christus offenbart Gott, wie sehr er

die Welt liebt, wie sehr er sich mit ihr
freut und mit ihr leidet.

Machen wir es wie Gott! Werden wir
mitfühlende Menschen! Sieben Wochen
Zeit für Gefühle.

VOTUM

Wir feiern im Namen Gottes,
der aus Liebe die Welt geschaffen hat,
im Namen Jesu Christi, Gottes Sohn,
der Freude und Schmerz mit uns geteilt hat,
im Namen der Heiligen Geistkraft,
die uns das Herz öffnet.
Amen.

PSALMEN
Vorschläge zur Auswahl

- Psalm 13 („Wie lange soll ich mich sorgen in meiner Seele? ... Mein Herz freut sich")
- Psalm 30 („Du hast mir den Sack der Trauer ausgezogen und mich mit Freude gegürtet")
- Psalm 31 („Ich freue mich und bin fröhlich, dass du mein Elend ansiehst")
- Psalm 42 („Meine Tränen sind meine Speise", „Ich will denken ... mit Frohlocken und Danken")
- Psalm 73 (Gott ist „meines Herzens Trost")
- Psalm 102 („Ich wache und klage wie ein einsamer Vogel auf dem Dach")
- Psalm 126 („Die mit Tränen säen, werden mit Freuden ernten")

GEDANKEN ZUM AKTIONSMOTIV
Der junge Mann lehnt sich zurück in dem mit Rosen verzierten Sessel. Er hebt den Kopf und legt ihn leicht zur Seite. Was liegt in seinem Blick? Sein Mund verrät nicht: Wird er gleich lächeln? Oder etwas sagen? Findet er es lustig, wovon sein Gegenüber gerade gesprochen hat?

Oder sagt seine Haltung: Erzähl mehr! Ich höre zu. Zwischen dir und mir ist Platz für deine Geschichte. Für das, was dir passiert ist. Ich will wissen, wie es dir geht. Was empfindest du bei dem, wovon du mir erzählst? Welche Gefühle hast du, wenn du an die Zukunft denkst?

Es ist eine Wohltat, wenn mir jemand aufmerksam und feinfühlig zuhört.

Und dann ist da das Kätzchen auf der Sessellehne. Zartheit pur. Es würde auf meine Handfläche passen, ich kann den leichten Körper und das weiche Fell förmlich spüren. In den grünen Augen aber blitzt schon Unternehmungslust. Irgendetwas, das ich auf dem Bild nicht sehen kann, fesselt seinen Blick. Es hat seinen eigenen Film laufen. Wie wir alle ... >

WORT ZUM KYRIE
Gott, die Welt ist oft unbarmherzig. Wir rufen zu dir:
Kyrie eleison – Herr, erbarme dich!
Jesus Christus, du hast gelitten. Für alle, die heute leiden, rufen wir zu dir:
Christe eleison – Herr, erbarme dich!
Heiliger Geist / Heilige Geistkraft, du erleuchtest die Herzen. Wo das Mitgefühl abgestorben ist und die Herzen hart geworden sind wie Stein, rufen wir zu dir:
Kyrie eleison – Herr, erbarme dich!

GNADENZUSPRUCH
So spricht Gott: Ich habe dich je und je geliebt, darum habe ich dich zu mir gezogen aus lauter Güte. (Jeremia 31,3)

TAGESGEBET
Gott, du gibst die Welt nicht verloren. Du liebst sie. Wir danken dir für den Weg der Liebe, den uns dein Sohn Jesus Christus gezeigt hat. Wir bitten dich: Stärke unser Mitgefühl! Gib uns ein hörendes Herz. Ein Herz, das hört auf die eigenen Gefühle. Ein hörendes Herz für andere. Amen.

LESUNG

Und sie kamen zu einem Garten mit Namen Gethsemane. Und er sprach zu seinen Jüngern: Setzt euch hierher, bis ich gebetet habe. Und er nahm mit sich Petrus und Jakobus und Johannes und fing an zu zittern und zu zagen und sprach zu ihnen: Meine Seele ist betrübt bis an den Tod; bleibt hier und wachet!

Und er ging ein wenig weiter, fiel nieder auf die Erde und betete, dass, wenn es möglich wäre, die Stunde an ihm vorüberginge, und sprach: Abba, Vater, alles ist dir möglich; nimm diesen Kelch von mir; doch nicht, was ich will, sondern was du willst! Und er kam und fand sie schlafend und sprach zu Petrus: Simon, schläfst du? Vermochtest du nicht eine Stunde zu wachen? Wachet und betet, dass ihr nicht in Versuchung fallt! Der Geist ist willig; aber das Fleisch ist schwach.

Und er ging wieder hin und betete und sprach dieselben Worte und kam wieder und fand sie schlafend; denn ihre Augen waren voller Schlaf, und sie wussten nicht, was sie ihm antworten sollten. Und er kam zum dritten Mal und sprach zu ihnen: Ach, wollt ihr weiter schlafen und ruhen? Es ist genug; die Stunde ist gekommen. Siehe, der Menschensohn wird überantwortet in die Hände der Sünder. Steht auf, lasst uns gehen! Siehe, der mich verrät, ist nahe.

Markus 14,32–42 (Lutherbibel 2017)

PREDIGTIMPULS
zu Markus 14,32–42

Der Predigttext ist ein Herzstück aus der Passionsgeschichte in der Bibel: Jesus betet verzweifelt im Garten Gethsemane. Er weiß: Gleich wird er verhaftet, und dann warten Demütigung, Schmerzen und der Tod auf ihn.

Ich lese die Erzählung aus dem Markusevangelium. Vielleicht mögen Sie darauf achten: Was für Gefühle kommen vor?

Lesung Markus 14,32 – 42

Zittern und Zagen
Die Geschichte gehört zu den Bibelstellen, die drastisch die Gefühle von Jesus beschreiben. Gefühle finden im ganzen Körper statt. Jesus zittert. Die Angst packt ihn so, dass er nicht Herr seiner selbst ist. Für diesen Gefühlsausbruch hat sich Jesus den allerkleinsten Kreis gewählt. Es sind nur drei seiner engsten Freunde bei ihm, Petrus, Jakobus und Johannes. Die

anderen Jünger sitzen etwas weiter weg. Ich kann das nachvollziehen. Ich will auch nicht immer jedem zeigen, wie es in mir aussieht. Meine Angst, meine Verzweiflung, meine Einsamkeit zeige ich am ehesten den Menschen, die mir besonders nahe sind. Oder von denen ich weiß: Die oder der sind jetzt genau die Richtigen für mein Problem.

Betrübt bis an den Tod
Vor seinen drei engsten Freunden spricht Jesus aus, wie es ihm geht: „Meine Seele ist betrübt bis an den Tod." Das ist eine innere Extremsituation. Die Seele wird in die Tiefe gezogen. In den Abgrund. Bodenlos. Ein Schlund, der keinen Grund hat, kein Ende. Nur den Tod. Gibt es irgendeinen Halt? Jesus sucht ihn bei seinen Freunden: „Bleibet hier und wachet!"

Das ist manchmal das Einzige, was ich für einen verzweifelten Freund tun kann. Bleiben. Mit ihm wachen, wenn er vor Angst nicht schlafen kann. Ich kann seine Angst nicht aufheben. Ich kann

nicht beseitigen, wovor er Angst hat. Aber ich kann an seiner Seite sein.

Den letzten Halt sucht Jesus bei Gott. Er betet. Er nennt Gott Abba: Vater. Der vertrauteste Name, den man Gott geben kann. Jesus bittet Gott um etwas, von dem er weiß, dass es unmöglich ist. Es wird nicht geschehen. Es ist unausweichlich, was auf ihn zukommt. Aber wenigstens bitten. Es wenigstens aussprechen. Sich vergewissern: Was auch kommt, Gott, dein Wille geschehe. Der Abgrund ist vielleicht bodenlos, aber nicht gottlos. In meinen Extremsituationen hoffe ich, dass ich von diesem Satz etwas spüren kann: „Ich kann nicht tiefer fallen als in Gottes Hand" (nach Arno Pötzsch).

Der verschlafene Abschied
Jesus kommt zurück von seinem Gebet. Seine Jünger sind eingeschlafen. Sie haben nicht mit ihm gewacht. Sie waren nicht da, als er sie am meisten gebraucht hat. „Vermochtest du nicht eine Stunde zu wachen?", fragt Jesus Petrus. Der hat stets besonders vollmundig behauptet:

„Und selbst wenn alle dich verlassen, ich bin immer für dich da."

Konntest du nicht eine Stunde wachen? Der Satz sitzt. Er trifft ins Mark. Doppelt. Einmal denjenigen, der ihn sagt und feststellen muss: Ich bin völlig allein. Niemand ist da, der diese Nacht mit mir aushält. Auch nicht die, von denen ich immer dachte: Sie sind treu, ich kann mich auf sie verlassen. Das kann ich eben nicht.

Und der Satz trifft auch denjenigen, zu dem er gesagt wird. Ich erinnere mich an Momente, in denen jemand mich gebraucht hätte. Und ich hatte versprochen: Ich werde da sein. Aber ich war es nicht. Ich war zu müde. Mir fehlte die Kraft. Oder es gab andere Gründe. Wie die Jünger habe ich den entscheidenden Moment verschlafen. Und hinterher ist es zu spät. Ich kann es nicht nachholen. Es ist zu spät.

Blame Game/Schuldfrage

Habe ich Schuld auf mich geladen? Vielleicht geht es gar nicht so sehr um die Schuldfrage (für eine jüngere Gemeinde kann man hinzufügen: „... nicht darum, das Blame-Yourself-Game zu spielen"). Nicht darum, mich zu kasteien und zu quälen, dass ich nicht da war. Meine Kräfte sind nicht unendlich. Manchmal reichen sie nicht. Jesus stellt nüchtern fest: „Der Geist ist willig; aber das Fleisch ist schwach." Vielleicht geht es einfach darum, dieses Gefühl auszuhalten: Den Schmerz darüber, dass ich den anderen allein gelassen habe. Die Enttäuschung über mich selbst.

„Der Geist ist willig; aber das Fleisch ist schwach." Der Satz muss nicht so hart sein, wie er klingt. Er kann andeuten: Ich verstehe dich. Ich weiß, dass du wolltest und nicht konntest.

Zweite Chance

Zweimal bittet Jesus seine Jünger: „Bleibet und wachet!" Zweimal verschlafen sie trotzdem.

Manchmal gibt es mehr als eine Chance. Manchmal verschläft man, trotz besseren Wissens, auch diese Gelegenheit. Die Menschen, die einen dann trotzdem nicht verstoßen, sind selten. Jesus hätte sagen können: Dann haut ab! Wenn ihr mich so allein lasst, brauche ich euch nicht. Dann erspare ich mir die weitere Enttäuschung und gehe meinen Weg ohne euch. Aber Jesus schickt sie nicht weg. Er sagt zu ihnen: „Steht auf, lasst uns gehen!" Es gibt nach wie vor das „Uns" und das „Wir". Sie gehören zu ihm.

Freundschaften, die Enttäuschung überstehen

Es sind besondere Freundschaften, die Enttäuschungen überstehen. Die trotzdem halten und weitergehen, auch wenn der eine den anderen im Stich gelassen hat. Je näher man einander ist, desto größer wird die Verletzungsgefahr. Je mehr man vom anderen erwartet, desto größer wird die Fallhöhe. Wenn eine Freundschaft das übersteht, gewinnt sie an Tiefe und Ehrlichkeit.

Jesus lässt die Enttäuschung nicht das Ende der Freundschaft sein. „Steht auf!" Es gibt Auferstehung auch aus Beziehungen, die an einem Tiefpunkt waren.

Ehrliche Gefühle

Ehrliche Gefühle. Die finde ich in der Geschichte von Gethsemane. Angst, die nicht überspielt wird. Erwartungen, die formuliert werden (und nicht wie so oft im Inneren versteckt, in der Hoffnung, dass der andere von selbst darauf kommt). Jesus spricht aus, wie es ihm geht und was er von seinen Freunden braucht. Ebenso ehrlich ist die Enttäuschung. Und die Kraft, trotzdem gemeinsam weiterzugehen. „Steht auf; lasst uns gehen!"

FÜRBITTEN

Gott, du Halt der Haltlosen, wir beten für alle, die vor Angst nicht schlafen können.
Wir bitten dich: Nimm dich ihrer an!
Gott, du Trost der Trostlosen, wir beten für alle, die trauern.
Wir bitten dich: Nimm dich ihrer an!
Gott, du Hoffnung der Verzweifelten, wir beten für alle, deren Leben bitter ist.
Wir bitten dich: Nimm dich ihrer an!
Gott, du Grund der Freude, wir beten für alle, die sich nach Lebensfreude sehnen.
Wir bitten dich: Nimm dich ihrer an!
Gott, du Freundin des Lebens, wir beten für alle, die heute geboren werden, und für alle, die heute sterben.
Wir bitten dich: Nimm dich ihrer an!
Gott, wir beten für die Menschen, an die wir jetzt in der Stille denken.
— Stille —
Wir bitten dich: Nimm dich ihrer an!

SEGEN

Gott öffne dein Herz für dich selbst und für andere.
Gott segne, was du sprichst, damit es andere tröstet und erfreut.
Gott segne dich, Leib und Seele, Verstand und Herz.
Amen.

Gott lasse seine Geistkraft um dich wehen und segne dich.

 LIEDVORSCHLÄGE:

* Herzliebster Jesu (EG 81)
* Seht hin, er ist allein im Garten (EG 95)
* Liebster Jesu, wir sind hier (EG 161, insb. Strophe 3)
* Mein erst Gefühl sei Preis und Dank (EG 451)
* Schon bricht des Tages Glanz hervor (EG 453, insb. Strophe 3)
* Auf und macht die Herzen weit (EG 454)
* Du kannst nicht tiefer fallen (EG 533)
* Da wohnt ein Sehnen tief in uns (z. B. in „Kommt, atmet auf. Liederheft für die Gemeinde", Gottesdienst-Institut Nürnberg 2011)
* Meine engen Grenzen (EG 584 Ausgabe Hessen-Nassau; Gotteslob 437)

Zusammen durch die Fastenzeit

BRITTA KIRCHNER
Pfarrerin in Hilden

Arbeitsmaterial für die Leitung einer Fastengruppe

In vielen Gemeinden gibt es Gruppen, die gemeinsam durch die Fastenzeit gehen. Wenn es bei Ihnen nicht so ist, gründen Sie doch selbst eine Fastengruppe! Empfehlenswert sind wöchentliche, etwa einstündige Treffen und eine Gruppengröße, bei der alle noch zu Wort kommen können. Die Leitung muss nicht unbedingt die Pfarrperson übernehmen. Im Folgenden haben wir einen möglichen Ablauf und Arbeitsmaterial für sieben Treffen zusammengestellt. Damit kommen auch ungeübte Gruppenleitungen gut zurecht.

> **Mehr zum Thema:**
> **„Wir gründen eine Fastengruppe"**
> **auf www.7-wochen-ohne.de**
>
> **Weitere Impulse für die Gruppenarbeit bieten: Musik- und Filmtipps (S. 14), Andachtsimpulse (S. 22), Tanzübungen (S. 30), szenisches Spiel (S. 52).**

Ablauf eines Treffens (60 bis 75 Minuten)

1. Begrüßung der Gruppe und ein Gebet

2. Eine kurze Fragerunde zur vergangenen Woche, z.B.:
   - Wie war deine Woche?
   - Was ist dir diese Woche schwergefallen?
   - Worüber hast du dich diese Woche besonders gefreut?

3. Einführung in das aktuelle Wochenthema und Erklärung der Aufgaben

4. Stillarbeit ODER Aktion (s. rechts)

5. Austausch darüber in der Gruppe oder in Kleingruppen

6. Abschlussrunde mit Frage: Was ist dein Wunsch für die kommende Woche? Wenn jemand neue Ziele für die Fastenzeit entwickelt hat, kann er/sie diese aufschreiben und ins Fastenglas (s. ganz rechts) legen

7. Abschlussritual: Lied und/oder Segen

Stillarbeit ODER Gruppenaktion

Für jede Woche gibt es zwei Vorschläge zur Auswahl: ein Arbeitsblatt für die Stillarbeit und eine Anleitung für eine (meist gemeinsame) Aktion. Natürlich können Sie auch Elemente aus beiden Optionen individuell zusammenstellen.

Option 1, Stillarbeit: Die Teilnehmenden erhalten ein Arbeitsblatt mit Fragen zum Wochenthema und bearbeiten dieses für sich allein. Hinterher tauscht man sich in einem Gruppengespräch darüber aus.

Option 2, Aktion: Die Aktionen sind unterschiedlich. Einige werden mit der gesamten Gruppe durchgeführt, andere in Kleingruppen oder zu zweit. Das Arbeitsblatt AKTION ist eine Anleitung für die Gruppenleitung und wird den Teilnehmenden nicht ausgeteilt.

IDEE: Das Fastenglas

Besorgen Sie vor dem ersten Treffen einen schönen großen Glasbehälter und Zettel in so vielen Farben, wie es Teilnehmende gibt. In der ersten Sitzung nehmen sich alle Teilnehmenden einen andersfarbigen Zettel und schreiben ihr(e) Fastenvorhaben darauf. Sie lesen diese dann in einer Runde laut vor, falten sie und legen sie in den Behälter. Das „Fastenglas" steht bei jedem Treffen gut sichtbar im Raum. Dazwischen verwahren Sie als Leitung es gut. Auch neue Vorhaben, die sich mit der Zeit ergeben, finden ihren Weg ins Glas. Die Teilnehmenden bleiben dann bei ihrer jeweiligen Farbe.

Beim letzten Treffen (oder bei einem Nachtreffen) steht das Fastenglas in der Mitte. Alle nehmen ihre Zettel heraus und ziehen Bilanz: Was hatte ich mir vorgenommen, wie hat das geklappt? Wie fühlt es sich an, etwas durchgezogen zu haben oder auch gescheitert zu sein? Was habe ich über mich gelernt? Das kann reihum geschehen oder im freien Gespräch.

Vielleicht haben die Zettel dann auch Platz in einem gemeinsamen Osterfeuer. Alles, was an ihnen hängt, an guten Erfahrungen oder auch schlechten Gefühlen, wird an Gott zurückgegeben.

Aktionen für Woche 1

Schmeichelsteine

Material

- verschiedene Steine mit möglichst glatter Oberfläche
- Acrylstifte oder Acrylfarben mit Pinsel
- Klarlack oder Spray zum Versiegeln

Anmoderation

„Hart wie Stein" sagen wir als Redewendung. Denn: Steine sind nun einmal hart. Doch der Stein, den ich beim Spaziergang einstecke, wird in der Hosentasche zum Handschmeichler. Ein Stück Natur, das mich lächeln lässt, wenn ich es immer mal wieder in meinen Taschen entdecke. Wie wäre es, wenn ich ihn wieder zurück auf den Weg lege, damit jemand anderes ihn aufheben kann?

Aktion

1. Alle Teilnehmenden suchen sich einen Stein aus und überlegen sich: Wo gibt es Härte bei mir im Leben? Wann bin ich hart zu mir selbst? Wo erlebe ich Härte im Umgang miteinander? Ggf. eine Austauschrunde.

2. Die Farben werden ausgegeben. Jede:r bemalt den eigenen Stein. Bunt oder eher dezent. Mit einem Muster, einem Bild oder mit einem Wort, das für Weichheit steht. (Im Internet gibt es viele Beispiele.) Während des Malens kann Musik angemacht werden.

3. Die Steine können danach mit wasserfester Farbe oder Klarlack versiegelt werden. Dann können sie auch im Garten oder auf dem Wegesrand ausgelegt und für andere zum „Schmeichelstein" werden. Der Stein kann aber auch unversiegelt bleiben und während der Fastenzeit innen einen persönlichen Platz finden.

4. Im Anschluss kann über die persönlichen Fastenvorhaben gesprochen werden.

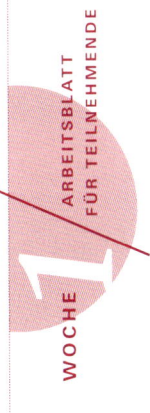

Mit Gefühl! 7 WOCHEN OHNE HÄRTE

WOCHE 1 ARBEITSBLATT FÜR TEILNEHMENDE

Sehnsucht

Wir sind „hart im Nehmen" und aus „hartem Holz geschnitzt", „hartnäckig" und zeigen lieber unsere „harte Schale" als den „weichen Kern". Oftmals scheint Härte erstrebenswert. Doch die nächsten sieben Wochen geht es um Weichheit. Mit mir selbst und mit anderen. Die Fastenaktion hat dieses Jahr das Motto: „Mit Gefühl! Sieben Wochen ohne Härte".

Fragen an mich selbst:

1. Was bedeutet es für mich, weich zu sein, und was, hart zu sein? Und: Ist das eine gut und das andere schlecht?

2. Wo bin ich zu hart zu mir? Wo bin ich hart zu anderen?

3. Wo bin ich weich zu mir? Wo bin ich weich zu anderen?

4. Mit welcher Sehnsucht gehe ich in diese sieben Wochen? Was nehme ich mir vor?

Weite

„Ich freue mich und bin fröhlich über deine Güte, dass du mein Elend ansiehst und kennst die Not meiner Seele und übergibst mich nicht in die Hände des Feindes; du stellst meine Füße auf weiten Raum." (Psalm 31,8–9, Lutherbibel 2017)

Freude und Angst, Seelennot und Vertrauen, Bedrängnis und Sicherheit. Da ist ziemlich viel auf einmal los bei dem Menschen, der diesen Psalm betet und bei denen, die sich heute entscheiden, ihn zu beten. Gefühle, die ich in mich hineinfresse, verstopfen das Herz. Es tut gut, den eigenen Gefühlen freien Lauf zu lassen, um mit den Füßen wieder auf weitem Raum zu stehen.

1. Fühle ich gern und intensiv?

2. Was sind meine Lieblingsgefühle?

3. Welche Gefühle schlucke ich eher runter und gebe ihnen keinen Raum? Und warum?

4. Welche Gefühle kann ich bei anderen schwer ertragen?

Aktion für Woche 2

Bucketlisten schreiben

Anmoderation

Ein achtjähriges Mädchen schrieb mal eine Art Wunschliste fürs Leben. Ich lese Ihnen vor:

Meine Bucketliste fürs Leben

- Kommissarin werden und Fälle lösen
- Lieder schreiben und auch singen
- Kriege bekämpfen, tolle Sachen erfinden
- Die Meere von Plastik befreien
- Super turnen, kämpfen lernen, gut zeichnen können
- Einen kleinen Zoo haben

Heute wollen wir mal träumen. Was steht auf Ihrer Bucketliste? Wenn da keine Angst, keine Sorge, keine Grenzen wären, was würden Sie in Ihrem Leben tun wollen? Vergessen Sie den Satz „Dafür ist es eh viel zu spät, das klappt eh nicht mehr ...")

Aufgabe

1. Die Teilnehmer:innen bekommen leere Blätter und schreiben ihre persönliche Bucketlist auf. Sie können die Dinge auch malen oder zeichnen. Schön ist es, wenn die Teilnehmer:innen dazu motiviert werden, wirklich ein bisschen ins Träumen zu kommen. Nicht jeder Wunsch auf der Bucketliste muss realistisch sein!

2. In einer Gesprächsrunde kann man sich über die Ziele und Wünsche austauschen. Wie schwer war es, diese Liste zu erstellen?

Aktion für Woche 3

Schimmernde Brüche

Anmoderation

Kintsugi heißt die traditionelle japanische Reparatur-methode für Keramik und Porzellan, bei der es darum geht, die Bruchstellen zum Leuchten zu bringen. Sie werden nicht versteckt, sondern mit Gold, Silber oder Platin be-sonders betont. Die Schönheit liegt in der Verletzlichkeit. Ich darf meine Verletzlichkeit nach außen tragen: auch sie macht mich aus!

PS: Bei Instagram gab es mal einige Frauen, die ihre Dehnungsstreifen in Gold nachgezeichnet haben: (Haut-)Brüche erzählen Geschichten!

Anleitung z. B. hier: **wwww.sinnenrausch.at/2022/06/die-schoenheit-im-makel-blumentopf-reparieren-auf-japanisch-inspiriert-von-der-kintsugi-methode/**

Material

- weiße Blumentöpfe (einen pro TN)
- Hammer
- Handtücher
- Porzellankleber
- goldene Glitzerpigmente
- Pinsel

Ablauf

1. Jede:r TN bekommt einen Blumentopf und darf ihn zerbrechen. Dazu den Topf in das Handtuch legen und mit dem Hammer draufhauen. Nicht zu klein schlagen! Je mehr Scherben, desto schwerer ist nachher das Zusammenkleben.

2. Alle Teile zusammenlegen, um einen Über-blick zu bekommen, in welcher Reihenfolge geklebt wird.

3. Optional: Jede:r schreibt auf die Innenseiten der Kacheln Erlebnisse zum Thema Verletz-lichkeit auf.

4. Die Kanten der Teile mit einem Tuch von Staub reinigen und mit dem Porzellankleber wieder zusammenkleben. Am besten eine große Zeitung unterlegen.

5. Ist der Topf stabil? Dann an den äußeren Bruchlinien eine weitere Schicht Kleber aufgetragen und darauf Goldpigmente streuen (solange der Kleber noch feucht ist). Alternativ kann man den Kleber auch vorher mit Pigmenten mischen.

6. Mit einem Pinsel die Überreste des Gold-staubes beseitigen.

7. Gut trocknen lassen!

WOCHE 3

ARBEITSBLATT FÜR TEILNEHMENDE

Verletzlichkeit

„Und Jesus sprach zu seinen Jüngern: Meine Seele ist betrübt bis an den Tod; bleibt hier und wachet! (…) Und er kam und fand sie schlafend und sprach zu Petrus: Simon, schläfst du? Vermochtest du nicht eine Stunde zu wachen?" (Markus 14,34.37 in Auswahl, Lutherbibel 2017)

1. Als Jesus im Garten Gethsemane ist, bittet er seine Freunde um Beistand. Sie sollen mit ihm wach bleiben. Doch sie schlafen ein. Was glaube ich, warum sie eingeschlafen sind?

2. Bin ich schon einmal „eingeschlafen", als jemand meine Hilfe brauchte?

3. Und andersherum?

4. Es braucht Stärke, sich schwach zu zeigen. Oder?

5. Bei wem fällt es mir leicht, um Hilfe zu bitten? Warum?

Mitgefühl

Es gibt Menschen, die sind nah am Wasser gebaut. Es braucht nicht viel, und sie weinen. Zum Beispiel im Kino. Meistens bei traurigen Szenen. Aber auch bei fröhlichen! Wenn die Kaiserin Sissi am Ende der Trilogie ihr Kind endlich wieder sieht zum Beispiel . . . Dann purzeln bei vielen die Tränen. Das ist eigentlich schön. Diese Menschen lassen sich berühren vom Schicksal anderer. Es lässt sie nicht kalt, wie es anderen geht. Sie können mitfühlen und mitschwingen.

1. Wann war ich das letzte Mal mit jemandem gemeinsam traurig?

2. Und wann habe ich mich von Herzen für jemand anderen gefreut?

3. Kommt in mir zuweilen Neid hoch, wenn jemand anderem etwas Gutes widerfährt?

4. Ist Mitleid gut oder schlecht?

Aktion für Woche 4

Blackout-Poetry – Mein Paulusgedicht

Material

- Römer 12,9–21 (Luther 2017); Textausdrucke für alle TN, möglichst etwas besseres Papier
- dicke, deckende Stifte (Filzstifte, Eddings oder schwarze Wachsmaler) für alle TN
- vielleicht Musik, die währenddessen laufen kann

Anmoderation

Wenn wir an Mitgefühl denken, dann denken wir wahrscheinlich als Erstes an Mitleid. Es lässt mich nicht kalt, wenn jemand anderes leidet. Ich fühle mit und bin (möglichst) für die andere Person da. Aber zum Mitgefühl gehört auch die Mitfreude. So sagt es Paulus: „Freut euch mit den Fröhlichen, weint mit den Weinenden." Das ist nur ein Ausschnitt. Der ganze Römerbrief ist ein sehr dichter theologischer Text. Wir schauen uns den heute einmal an und filtern heraus, was für uns darin wichtig ist.

Aufgabe

1. Jede:r TN kriegt ein Papier mit dem biblischen Text.

2. Die Leitung liest den Text einmal laut und langsam vor. Alle können dabei mitlesen.

3. Die Methode wird eingeleitet: „Der Text, den wir gerade gehört haben, ist ein richtig dichter Text. Wahrscheinlich könnten die wenigstens von uns direkt zusammenfassen, worum es alles ging. Aber alle von uns haben wahrscheinlich ein paar Wörter im Kopf behalten, weil sie uns etwas bedeuten oder uns gerade angesprochen haben. Warum also nicht genau diese Wörter hervorheben und alle anderen wegstreichen?"

4. Alle kriegen nun Zeit und die Aufgabe: „Lest euch den Text noch mal genau durch. Wörter oder auch Sätze, die euch gut gefallen, umrahmt ihr mit dem schwarzen Stift. Malt sozusagen einen Kasten darum. Wörter und auch Sätze, die euch nicht gefallen, streicht ihr durch, so dass man sie nicht mehr lesen kann. Seid dabei ruhig radikal. Am Ende entsteht ein schwarzes Blatt mit einigen Lücken mit den Wörtern und Sätzen, die euch etwas bedeuten und dadurch ein neuer Text: ein kleines Gedicht! (Falls vorhanden, ein Beispiel zeigen.)

5. Abschlussrunde: Alle lesen ihre Blackout-Poetry vor, und man spricht darüber.

Aktion für Woche 5

Meine Nächsten entdecken

Vorbereitung

In der Mitte steht ein größerer Tisch mit Stühlen für alle TN. Auf die Tischplatte wird mit dem Klebeband eine Art „Spielfeld" geklebt:

In der Mitte ein rundes Feld, in dem ein kleines Pappschild mit der Aufschrift „Ich" liegt.

In verschiedener Entfernung werden fünf weitere Kreisumrisse geklebt, die erst mal leer bleiben. Einer kann auch als Halbkreis an dem „Ich"-Feld anliegen.

Material

- viele kleine Pappschilder oder Zettel
- Stifte, Edding
- Klebeband
- Blätter mit den „Kategorien"

Anmoderation

Wer ist mir nah? Wem fühle ich mich verbunden? Wem zeige ich Nähe und mit wem fühle ich mit? Wer ist denn mein Nächster?

Die Gesetzeslehrer fragen Jesus: „Wer ist denn mein Nächster?" Und Jesus antwortet mit dem Gleichnis vom barmherzigen Samariter. Das Ergebnis: Jeder und jede! Nach Jesus gibt es die Kategorie „näher" und „weiter" nicht. Alle sind gleich. Aber wie sieht das bei uns aus? Haben wir Kategorien, nach denen wir Nähe definieren?

Ablauf

Alle TN erhalten farbige Zettel, kleine Pappschilder und Stifte. Es beginnt mit dem Feld, das dem „Ich"-Feld am nächsten ist. Die Gruppenleitung liest vor:

1. Hier kommen die Namen der Menschen, auf die es zutrifft: „Vor diesen Menschen würde ich weinen, wenn es mir schlecht geht." Sie legt das Blatt mit diesem Satz in den Kreis. Alle TN füllen Zettel mit je einem Namen aus und legen sie ebenfalls in diesen Kreis.

2. So geht es weiter mit den Feldern, wobei man sich immer weiter weg vom „Ich"-Feld bewegt. Jeder Name darf nur einmal vergeben werden.
Zweites Feld: „Diesen Menschen würde ich erzählen, wenn mir etwas Gutes passiert!"
Drittes Feld: „Mit diesen Menschen würde ich einen kurzen Plausch halten."
Viertes Feld: „Zu diesen Menschen habe ich nur sehr sporadisch Kontakt."
Fünftes Feld: „Neben diese Menschen würde ich mich in der Bahn nicht direkt dazusetzen."

3. Vertauschen: Nacheinander soll nun jede:r TN ein Schildchen/einen Zettel aus einem Kreis in einen anderen legen. Gemeinsam wird darüber gesprochen. Was macht das mit mir? Was ist, wenn ich plötzlich mit der Bäckereifachverkäuferin weine, aber nicht mehr neben meinem Bruder in der Bahn sitzen möchte?

WOCHE 5 / ARBEITSBLATT FÜR TEILNEHMENDE

Nachfragen

Wir begegnen täglich anderen Menschen. Der Kassiererin im Supermarkt. Dem Mann, der mir in der Straßenbahn gegenüber sitzt. Der neuen Nachbarin im Hausflur. Klar, ich will nicht mit jedem reden. Aber manchmal denke ich, warum spreche ich sie eigentlich nie an?

1. Wann habe ich das letzte Mal mit einem Fremden geredet?

2. Wann habe ich meine letzte Freundschaft geschlossen?

3. Wann habe ich das letzte Mal auf die Frage „Wie geht es dir?" eine ehrliche Antwort gegeben?

4. Und wann eine ehrliche Antwort bekommen?

5. Welchen Menschen, dem ich öfters begegne, finde ich interessant?

6. Wenn ich mit ihm ins Gespräch käme, was würde ich ihn gern fragen?

Sanfte Töne

Manchmal braucht es leise Töne. Wenn die Welt zu laut ist oder auch die Sorgen im Kopf keine Ruhe geben. Dann hilft vielleicht ein langer Spaziergang oder Tanzen zur Lieblingsmusik. Es tut gut, wenn jemand anderes da ist, mir aufmerksam zuhört, mich sanft umarmt. Manche Freundin schickt kleine Carepakete, in denen Dinge stecken, die man so braucht, wenn es einem schlecht geht. Füreinander da sein, das geht auf ganz unterschiedliche Weise.

1. Wie geht es mir, wenn ich erfahre, dass es jemandem schlecht geht, den ich mag?

2. Gibt es etwas, das ich in solchen Fällen gern tue, verschenke, zubereite …?

3. Was wünsche ich mir von anderen, wenn es mir schlecht geht?

4. Was kann ich für mich tun, wenn es mir schlecht geht?

Aktion für Woche 6

Kleine Geschenke selber machen

Material/Vorbereitung

Unterschiedlich, je nach Produkt

Anmoderation

Was können wir tun, wenn es jemandem schlecht geht? Kranken Kindern lesen wir eine Geschichte vor. Mit der Freundin, die Liebeskummer hat, kuscheln wir uns zum Filmegucken aufs Sofa. Ein gemeinsamer Spaziergang bringt frische Perspektiven. Und schließlich: Einfach da sein und zuhören. Manchmal aber ist es schwer, sich die betroffene Person ein, kann und mag niemanden sehen. Dann sollten wir das akzeptieren. Und können trotzdem zeigen, dass wir da sind: Ein kleiner Blumenstrauß oder eine frisch gekochte Suppe vor der Haustür – das sind Kleinigkeiten, die sanft Trost spenden. Wir wollen heute gemeinsam etwas herstellen, das wir an andere Personen weiterverschenken können. An jemanden, dem man etwas sagen möchte, dass man an ihn denkt.

Ideen zur Auswahl

(Entsprechende Anleitungen gibt es zuhauf im Internet.)

- Selbst gezogene Kerzen

- Perlenarmbänder mit Trostworten
Am besten mit einem fertigen Perlenset und Buchstabenperlen. Dann kann man Worte wie Mut, Kraft oder Liebe mit aufziehen.

- Tütchen mit selbst gemachter Bruchschokolade oder verschiedenen gekauften Süßigkeiten

- Gedichte oder Geschichte verfassen

- Fotos oder kleine Sprüche einrahmen

- Miniwörterbuch mit liebevollen Gefühlen (s. hintere Umschlagseite)

Aktion für Woche 7

Spaziergang mit Gott

Vorbereitung/Material

Pro TN fünf Briefumschläge durchnummerieren und mit je einem Fragezettel versehen:

1. Gott fragt dich: Wie geht es dir? Wirklich?

2. Gott fragt dich: Wovor fürchtest du dich?

3. Gott fragt dich: Wem würdest du gern eine Freude bereiten? Und wie?

4. Gott fragt dich: Was ist gerade hart in deinem Leben? Wie kann es weich werden?

5. Gott fragt dich: Wohin würdest du mich gern auch einmal mitnehmen? Wo brauchst du mich gerade am meisten?

Anmoderation

Laden wir Gott doch heute auf einen Spaziergang ein. 25 Minuten unterwegs mit Gott. Und zu einem Spaziergang mit jemandem gehört ein gutes Gespräch. Und heute stellt Gott die Fragen.

Ablauf

Alle Teilnehmenden werden auf einen Spaziergang geschickt. Jede:r geht allein und nimmt fünf durchnummerierte Briefumschläge mit. Beim Losgehen wird der erste Briefumschlag geöffnet. Nach fünf Minuten wird der nächste Umschlag geöffnet usw. Um die Zeit zu messen, können die Teilnehmenden sich einen Handywecker stellen. Teilnehmende, die nicht so mobil sind, können sich irgendwo anders einen Ort suchen, um in Ruhe zu sitzen, ob in der Gemeinde, der Kirche oder in einem nahen Café. Dann wird der Spaziergang zum Café-Date mit Gott. Nachdem die Teilnehmenden auch über die letzte Frage mit Gott ins Gespräch gekommen sind, kommen sie wieder zurück. Jetzt wird über die Erfahrung gesprochen. Besonders spannende Gedanken können ausgetauscht werden, aber man darf auch schweigen.

Furcht und große Freude

Ostern steht bevor: Am Ende einer „Fastenzeit ohne Härte" ist der Stein vom Grab weggerollt. Vielleicht auch unser Stein, den wir manchmal so buchstäblich auf dem Herzen tragen. Bin ich weicher geworden? Zu mir und zu anderen? Gleichwohl: Ostern ist nicht nur weich und leicht. Das erfahren auch die Frauen am Grab. Leben und Tod. Große Freude und Furcht. Beides ist Ostern. Und noch viel mehr.

1. Wovor fürchte ich mich?

2. Was macht mir große Freude?

3. Was ist Ostern für mich dieses Jahr? Eher Furcht oder eher Freude?

4. Bin ich ein wenig „weicher" geworden über die sieben Wochen der Fastenzeit?

5. Was wünsche ich mir für die Zukunft?

Gedanken zur Einstimmung

CAROLA GÄDE

Referentin für
Literaturvermittlung
und Leseförderung
beim Münchner
Bildungswerk

Gibt es einen Lebensabschnitt, der emotional intensiver ist als die Jugend? Freude, Wut, Verliebtheit, Angst, Sehnsucht, Scham oder Unsicherheit — das ganze Paket! Mit Abstand betrachtet ist das beeindruckend. Solange man mittendrin steckt, kann es sich auch wahnsinnig anstrengend anfühlen.

Psychologisch gesehen erfüllen Emotionen in jedem Alter wichtige Aufgaben. Sie helfen uns, uns selbst besser kennenzulernen und zu verstehen. Sie zeigen Bedürfnisse an und machen sichtbar, was wichtig ist. Sie unterstützen dabei, eigenen Werte und Haltungen zu entwickeln. Und sie fördern Bindung, Empathie und die Fähigkeit, Beziehungen zu gestalten.

Gefühle sind damit ein großartiger Kompass, der Orientierung bietet. Sie helfen, Antworten auf zentrale Fragen zu finden: Was will ich und was nicht? Wo zieht es mich hin? Wovor möchte ich mich schützen? Solange wir klare Antworten finden, scheint die Welt in Ord-

nung. Doch starke Gefühle können auch widersprüchlich sein, Verwirrung stiften und verunsichern. Da schlägt der Gefühlskompass heftig erst in die eine Richtung aus, dann plötzlich in die entgegengesetzte — und wir sind überfordert.

Intensive Gefühle zu erkennen, zu akzeptieren und zu zeigen, ist nicht leicht. Besonders dann, wenn wir selbst nicht wissen, wohin wir steuern, oder wenn Gefühle auftauchen, die uns fremd, bedrohlich oder unangenehm erscheinen. Oft neigen wir dann zum Rückzug — Erwachsene ebenso wie Jugendliche. Schon früh lernen wir, unsere Gefühle zurückzuhalten oder zu verstecken. Gründe dafür gibt es viele: Scham, gesellschaftliche Erwartungen, Unsicherheit oder die Angst vor der eigenen Verletzlichkeit. Hinzu kommt die innere Stimme, die unsere Gefühle kleinredet: Das ist doch übertrieben! Stell dich nicht so an! So schlimm ist das nicht! Reiß dich zusammen usw.

Raum für Gefühle – meine und deine

Impulse und Bausteine für die Arbeit mit Kinder- und Jugendgruppen in der Fastenzeit 2026

Statt unsere Gefühle anzunehmen, versuchen wir, möglichst „cool" zu wirken, als hätten wir alles im Griff und könnten durch nichts aus der Bahn geworfen werden.

Doch je mehr wir unsere Gefühle unter einer harten Schale verbergen, desto schwieriger wird es, in Kontakt zu kommen — mit uns selbst und mit anderen. Wir verlieren eine wichtige Orientierungshilfe. Denn es sind die Gefühle, die uns weich, berührbar und offen machen. Nur durch sie können wir uns selbst und anderen wirklich begegnen.

Die nachfolgenden Impulse und kreativen Anregungen laden ein, der eigenen Gefühlswelt Raum zu geben und mit anderen in den Austausch zu gehen. Denn, wie Martin Buber es ausdrückt: „Der Mensch wird am Du zum Ich."

Ich wünsche Freude, Neugier und Mut beim Entdecken der Gefühlswelt!

Malen

Berührende Selbstporträts

Alter: ab 14 Jahren
Gruppengröße: 4–12 Personen
Dauer 90–120 Minuten

Zutaten
· Zeichenpapier DIN A3
· Bleistifte (gern etwas weichere, 4B / 6B / 8B)
· wasservermalbare Buntstifte (z. B. Woody 3 in 1)
· Pinsel
· Wassergläser
· Pflasterstreifen

Wir alle tragen Wunden in uns. Das gehört zum Menschsein dazu. Wir erstellen Selbstporträts mithilfe einer besonderen Methode, in der auch unsere Verletzungen Platz haben.

1. Alle Teilnehmenden (TN) erhalten ein DIN-A3-Zeichenblatt und einen Bleistift. Sie werden gebeten, den Stift mittig am oberen Ende des Blattes zu platzieren und anschließend die Augen zu schließen. Mit der freien Hand ertasten sie nun langsam und im eigenen Tempo die Konturen ihres Gesichts: Wangen, Kinn, Stirn, Augen, Augenbrauen, Nase, Mund usw. Gleichzeitig versuchen sie, mit der anderen Hand das Ertastete aufs Papier zu übertragen, ohne die Augen zu öffnen. Das behutsame Abtasten des eigenen Gesichts kann sehr berührend sein.

2. Kurze Runde, in der die entstandenen Zeichnungen gegenseitig gezeigt werden. Diese wirken meist bruchstückhaft, aber auch durchaus amüsant. Die Gruppenleitung bespricht mit den TN, wie es weitergeht und führt in das Thema Verletzlichkeit ein, das im weiteren Prozess mit den Pflastern visualisiert werden kann (s. Punkt 4).

3. Die TN arbeiten „sehend" an den Zeichnungen weiter. Sie malen jetzt mit kräftigen Farben (Bunt- oder Wachsmalstiften), sodass ausdrucksstarke Selbstporträts entstehen.

4. Wer möchte, kann sein Porträt am Ende mit Pflastern versehen. Diese stehen symbolisch für äußere und innere Wunden, die noch Schutz benötigen — auch wenn diese vielleicht an ganz anderen Stellen sitzen.

5. Abschlussrunde, in der die TN die Selbstporträts einander zeigen und sich darüber austauschen. Das ist nicht zwingend und abhängig von der Vertrautheit und Gruppengröße. Möglich ist auch ein anderes Abschlussritual, in der die Themen Verletzlichkeit, Wunden und Heilung aufgegriffen werden.

Faltanleitung und
Vordruck auf
der Umschlagseite
dieses Heftes

Basteln

Mini-Wörterbuch der Gefühle

Alter: ab 12 Jahren
Gruppengröße: 4–20 Personen
Dauer: 30 Minuten

Zutaten

· Kopien des Faltmodells
  (hintere Umschlagseite)
· Kopien der Gefühlsliste (s. S. 60)
· Scheren
· Stifte

Wir basteln kleine Magazine (Mini-Zines), in die wir unsere Gefühle hineinschreiben. Zum Hintergrund kann die „Gewaltfreie Kommunikation" erläutert werden:

Gefühle und Sehnsüchte in Sprache zu fassen, fällt uns oft schwer. Nicht selten kommt es dabei zu Missverständnissen. Der Psychologe Marshall Rosenberg hat deshalb das Modell der gewaltfreien Kommunikation (GfK) entwickelt. Es basiert auf der Annahme: Alles, was wir Menschen tun, ist auf die Erfüllung unserer Bedürfnisse ausgerichtet. Wenn wir uns nicht wohlfühlen, weisen unsere Gefühle oft auf unerfüllte Bedürfnisse hin. Sein Ansatz: Je genauer wir unsere Gefühle und Bedürfnisse benennen können, umso besser stehen die Chancen, dass wir Missverständnisse und Konflikte auflösen können. Rosenberg hat lange Wortlisten von Gefühlen und Bedürfnissen erstellt. Wir nutzen sie für diese Übung, denn sie sind sehr hilfreich, um sich die Bandbreite der eigenen Befindlichkeiten bewusst zu machen und die passenden Worte zu finden.

1. Jede:r TN faltet für sich ein kleines Heftchen, ein sogenanntes Mini-Zine, in das er/sie hinterher Gefühlswörter hineinschreiben kann. Das Faltmodell zum Ausschneiden und Kopieren finden Sie auf der hinteren Umschlagseite.
2. Alle TN erhalten Kopien der Gefühlsliste nach Rosenberg (S. 60) und suchen sich mindestens sechs Wörter daraus aus, die Gefühle beschreiben, die ihnen vertraut sind und für die ihnen oft das Wort gefehlt hat.
3. Diese Wörter schreiben sie nun in ihr Mini-Zine. Sie nehmen das Wörterbüchlein und die Liste mit nach Hause und können es im Laufe der Zeit immer weiter füllen.
4. In einer Abschlussrunde kann man einzelne ausgesuchte Wörter einander vorstellen und darüber reden. Das hängt davon ab, wie vertraut die TN untereinander sind und wie groß die Gruppe ist. Denkbar ist auch ein kleines Abschlussritual, ein gemeinsames Lied, ein Segen, ein paar Worte darüber, wie man das Büchlein weiter verwenden kann.

Basteln

Sehnsuchts-Collagen

Alter: ab 13 Jahren
Gruppengröße: 2–20 Personen
Dauer: ca. 90 Minuten

Zutaten

· leere Zettel
· Fotokarton in DIN A3 oder A4
· Passepartouts im passenden Format
· möglichst viele unterschiedliche Zeitschriften (empfehlenswert: Abbildungen vorher ausschneiden oder herausreißen und nach Kategorien sortieren: Menschen, Landschaften/ Natur, Gebäude, Essen usw.)
· Scheren und Bleistifte
· Klebestifte
· Bunt- und Filzstifte, Wachsmalkreiden

Sehnsucht ist das Motto der ersten Fastenwoche. Wir spüren unserer Sehnsucht nach und geben ihr ein Bild mit selbstgemachten Collagen.

1. Einstieg: Ankommen und wahrnehmen, wo man gerade steht und wie die Stimmung ist. Dazu empfiehlt sich eine Blitzlichtrunde: „Wie bin ich heute da?" (z. B. entspannt, gehetzt, gestresst, müde, vorfreudig …).
2. Daran anknüpfend können die Jugendlichen auf (vorbereiteten) Zetteln Stichworte zu folgenden Fragen notieren. Jede:r arbeitet für sich, es geht nicht um Vollständigkeit, und die Antworten müssen auch nicht geteilt werden. Ziel ist lediglich eine kurze, spontane Bestandsaufnahme.
   · Was ist gerade alles los?
   · Welche Aufgaben und Herausforderungen stehen an?
   · Was läuft gut, was weniger?
   · Was stresst/belastet mich?
   · Was macht mir Spaß/tut mir gut?
3. Die Zettel werden beiseitegelegt. Alle schließen für einen Moment die Augen und spüren den Fragen nach: Wonach habe ich Sehnsucht? Was höre ich, wenn ich auf mein Herz höre? Welche Bilder kommen mir dazu?

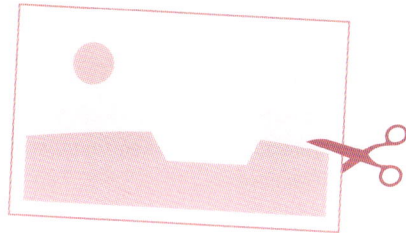

4. Die Zeitschriften liegen vorbereitet auf einem separaten Tisch. Jede:r Jugendliche sucht sich ein Bild mit einer Person, die ihn/sie besonders anspricht. Er/sie widmet sich gedanklich der Person auf dem Bild anhand dieser Fragen: Was braucht sie, um sich wohlzufühlen? Wo, in welcher Umgebung würde sie gern sein? Natur, Meer, Großstadt oder ganz was anderes? Und wie ist es mit anderen Elementen, Menschen oder Tieren — fehlen die oder sind sie vielleicht „fälschlicherweise" auf diesem Bild drauf?

5. Er/sie sucht am Zeitschriftentisch nach passenden Motiven, um eine Collage zu erstellen, auf dem die Person am richtigen Platz ist und sich wohlfühlt.

6. Die entsprechenden Seiten werden nun zerschnippelt oder zerrissen. Man legt die Schnipsel mit der ebenfalls ausgeschnittenen Person probeweise zu einer Collage zusammen. Wüste und Regen, eine übergroße Hand auf der Schulter, Klaviernoten in der Ecke — es muss nicht realistisch sein! Hauptsache, es fühlt sich richtig an. Die Passepartouts dienen (nur) als Hilfsmittel, um den Fokus auf das Motiv zu legen und klarer zu sehen, was noch fehlt oder wo schon alles passt. Geklebt wird erst am Schluss. So kann noch ein paar Mal verschoben oder umsortiert werden. Wenn sich die Collage stimmig anfühlt, werden alle Schnipsel (ohne Passepartout) festgeklebt.

7. Die fertigen Collagen werden in einer Abschlussrunde präsentiert. Ob und wie viel jede:r dazu sagen möchte, bleibt jeder:m selbst überlassen.

ARBEITEN SIE MIT DEM FASTENKALENDER

Alle **Sonntagsfragen** eignen sich als Einstieg in Gruppengespräche mit Jugendlichen. Diese weiteren Kalenderseiten geben Impulse zu den angegebenen Themenfeldern:

21. Februar	Innere Stimmen
23. Februar	Andere verstehen
24. Februar	Sich etwas trauen
27. Februar	Widersprüchlich sein dürfen
28. Februar	Geschlechterrollen
4. März	Verletzlichkeit, Freundschaft
5. März	Freundschaft, Zuverlässigkeit
13. März	Einfühlungsvermögen
14. März	Mitgefühl, US-Politik
23. März	Kulturunterschiede, Migration, Gastfreundschaft
24. März	Nächstenliebe
28. März	Trauer und Trost
4. April	Seenotrettung

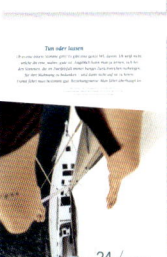

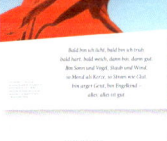

Übung draußen

Umfrage in der Fußgängerzone

Alter: ab 12 Jahren
Gruppengröße: 2–4 Personen
je Interviewgruppe
Dauer: mind. 90 Minuten

Zutaten

· Aufnahmegeräte (z. B. Handys mit Sprachmemo-Funktion)
· ggf. Klemmbretter und Stifte für Notizen
· vorbereitete Karten/Blätter mit Fragen (als Gedankenstütze)
· Einständniserklärungen in Kurzform

Diese Aktion greift das Motto der fünften Fastenwoche auf: Nachfragen. Die Jugendlichen gehen in die Fußgängerzone und machen eine Umfrage zum Thema Mitgefühl und Miteinander.

1. Inhaltliche Vorbereitung: Sie überlegen sich gemeinsam Fragen und schreiben diese auf Karten, die dann später als Gedächtnisstützen fungieren. Fragen könnten etwa sein:
   · Wenn Sie an unsere Gesellschaft denken: Haben Sie den Eindruck, dass wir eher hart oder eher weich miteinander umgehen?
   · Was wünschen Sie sich persönlich im Umgang miteinander? (Z. B. mehr Klarheit, mehr Offenheit, mehr Mitgefühl?)
   · Wann hat Ihnen zuletzt jemand Mitgefühl gezeigt? Und wie hat sich das angefühlt?
   · Wo erleben Sie Härte oder Kälte im Alltag? (Z. B. auf der Arbeit, im Straßenverkehr, in den sozialen Medien)
   · Was könnten wir als Gesellschaft tun, um wieder näher zusammenzurücken?
   · Welche kleinen Gesten sind Ihnen wichtig im Umgang miteinander, damit Sie sich wohlfühlen? (Z. B. ein Lächeln, ein freundliches Wort, Hilfe im Alltag …)

2. Methodische Vorbereitung:
   · Wie spricht man die Leute an? Zum Beispiel: „Hallo, wir machen eine kleine Umfrage zum Thema Mitgefühl und Miteinander. Hätten Sie Lust, uns ein paar Fragen zu beantworten?"
   · Wie stellt man Fragen? Damit es nicht wie ein Test wirkt, sollten sie offen, freundlich und nahbar gestellt werden.
   · Gruppenaufteilung und Rollenverteilung klären. Wer fragt, wer nimmt auf?
   · Kurze Einständniserklärung formulieren und vorbereiten („Die Aufzeichnung wird nur in der Jugendgruppe xy verwendet und nicht veröffentlicht.")

3. Die Kleingruppen ziehen los. Sie schneiden die Antworten als Sprachaufzeichnungen auf.

4. In einer Abschlussrunde werden erst kurz die Erfahrungen ausgetauscht. Dann werden die aufgenommenen Antworten einander vorgespielt und reflektiert: Was hat uns überrascht? Welche Sehnsucht nach Nähe oder Mitgefühl haben wir gespürt? Was nehmen wir für uns selbst mit? Die inhaltliche Reflexion kann eventuell auch erst in der nächsten Gruppenstunde erfolgen.

Gruppenspiel

Gefühls-Scharade

Alter: ab 10 Jahren
Gruppengröße: 5–25 Personen
Dauer: 30 Minuten

Zutaten

· DIN-A3-Zeichenpapier
· Karten mit Begriffen wie fröhlich, traurig, ängstlich, wütend, überrascht, stolz … (Anregungen siehe auch Gefühlsliste S. 60)
· ggf. kleine Zettel und Stifte, falls die Gruppe eigene Gefühle ergänzen möchte
· ausreichend Platz, um sich frei im Kreis zu bewegen

Woher weiß ich eigentlich, wie die andere Person sich gerade fühlt? Wir stellen Gefühle pantomimisch da. Die anderen müssen sie erraten.

1. Warm-up: Alle TN stellen sich im Kreis auf. Die Spielleitung stellt konkrete Fragen wie etwa „Wie fühlst du dich, wenn deine Mathelehrerin gleich die Schularbeiten zurückgibt?" oder „Wie fühlst du dich, wenn du gerade den 100-Meter-Lauf gewonnen hast?" Daraufhin drücken alle gleichzeitig durch Mimik und Körperhaltung aus, wie sie sich in dieser Situation fühlen würden — bis die nächste Frage gestellt wird.

2. Spielablauf: Ein:e TN zieht eine Karte aus einem vorbereiteten Stapel und stellt dieses Gefühl pantomimisch dar. Die übrigen TN raten, um welches Gefühl es sich handelt, bleiben aber stumm! Wer glaubt, die Lösung zu kennen, meldet sich, stellt sich der Person gegenüber und sagt: „Ich glaube, ich weiß, wie du dich fühlst — so …:" Dann nennt er/sie die vermutete Lösung und stellt das entsprechende Gefühl ebenfalls dar — vielleicht ein wenig anders als die Person davor. Stimmt die Vermutung, hat er/sie gewonnen, zieht als Nächste:r eine Karte zum Vorspielen. Stimmt sie nicht, geht er/sie zurück auf den Platz, und das Raten geht weiter.

Übung mit Musik

See Me Beautiful

Alter: ab 14 Jahren
Gruppengröße: 5–15 Personen
Dauer: 60 Minuten

Zutaten

„See Me Beautiful"
von Red Grammer als Audio

In dieser Einheit werden Jugendliche eingeladen, sich selbst und andere mit wertschätzendem Blick zu sehen.

Das Motto der sechsten Woche lautet: Sanfte Töne. Wir greifen dies musikalisch auf mit einem Song von Red Grammer. In „See Me Beautiful" besingt der US-amerikanische Singer-Songwriter einfühlsam das Bedürfnis, in der Tiefe der Seele gesehen zu werden. Der Titel klingt weder im Englischen noch in der deutschen Übersetzung („Sieh mich schön") geschmeidig. Und doch transportiert er etwas sehr Tiefes, Eindrückliches: Wenn du mich mit dem Herzen anschaust, wirst du das Schöne in mir entdecken, meinen wahren Kern. Dein liebevoller Blick kann mein schönes inneres Wesen sichtbar werden lassen.

1. Gemeinsames Hören des Liedes

See Me Beautiful
Red Grammer

See me beautiful
Look for the best in me
It's what I really am
And all I want to be
It may take some time
It may be hard to find
But see me beautiful
See me beautiful
Each and every day
Could you take a chance
Could you find a way
To see me shining through
In everything I do
And see me beautiful

Deutsche Übersetzung:

Sieh das Schöne in mir
Suche das Beste in mir
Das ist es, was ich wirklich bin
Und alles, was ich sein möchte
Vielleicht braucht es eine Weile
Vielleicht ist es schwierig zu finden
Aber sieh das Schöne in mir
sieh das Schöne in mir
jeden einzelnen Tag
Könntest du es versuchen
Könntest du einen Weg finden
Mein Licht hindurchstrahlen zu sehen
In allem, was ich tue
Und das Schöne in mir zu sehen

2. Gruppengespräch zu folgenden Impulsfragen:
   · Was hat dich am Text berührt?
   · Wie nimmst du dich selbst wahr?
   · Was sind deine schönen Seiten, die vielleicht oft übersehen werden?
   · Wie sehen die anderen das?
3. Jede:r schreibt ein Merkmal auf, das er/sie an sich selbst mag.
4. Eine Runde „Fishing for Compliments": Die Teilnehmenden notieren auf kleinen Zetteln, was sie an den anderen schätzen. Die Zettel werden anonym rundgereicht, jede:r ergänzt, was er/sie möchte. Am Ende bekommen alle Zettel voller Komplimente.
5. Fragen zum Abschluss: „Wie war es, so gesehen zu werden?" und „Wie könnt ihr anderen im Alltag zeigen, dass ihr sie schön seht?"

Gestalten

Bunter Gefühlsreigen

Alter: ab 7 Jahren
Gruppengröße: beliebig
Dauer: 10–15 Minuten

Zutaten
· Regenbogen-Kratzpapier in DIN A6
· kleiner Kratzstock oder ähnliches (wird meist mitgeliefert).

In dieser Einheit werden Jugendliche eingeladen, sich selbst und andere mit wertschätzendem Blick zu sehen. Diese Aktion ist ein schönes kleines Ritual zum Abschluss der Fastenaktion und eignet sich zum Beispiel für die Osternacht.

Regenbogen-Kratzpapier besteht aus einer farbigen, oft regenbogenförmig schimmernden Schicht, die von einer schwarzen Schicht überzogen ist. Wenn man die obere Schicht mit einem Kratzstift entfernt, kommen die darunterliegenden bunten Farben wieder zum Vorschein.

Auf ein solches Papier können nun alle TN ihr persönliches Lieblings-Gefühl (aus der Fastenzeit?) verewigen. Die fertigen bunten Wortkärtchen werden zusammengetragen und dann wie eine Girlande aufgehängt. Möge sie uns auch über die Fastenzeit hinaus daran erinnern, wie gut es tut, seine Gefühle sichtbar zu machen und sich mit anderen darüber auszutauschen.

„In mir drin ist's bunt"

Überschäumend glücklich, verängstigt, schüchtern, neugierig. Diese Bücher helfen Kindern dabei, ihr reiches Innenleben zu entdecken. Passend zum Thema der Fastenaktion 2026

CAROLA GÄDE

Referentin für
Literaturvermittlung und
Leseförderung beim
Münchner Bildungswerk

Antje Bohnstedt (Text / Illustration)

DAS GROSSE BEDÜRFNISSE BESTIMMUNGSBUCH

Bedürfnisse hat jeder von uns — je mehr sie erfüllt sind, umso besser fühlen wir uns. In diesem Buch nehmen uns die beiden wuscheligen Kugelmonster Ella und Eddie mit auf eine Entdeckungsreise durch die Grundbedürfnisse. In 14 kurzen Kapiteln erklären sie, warum diese Bedürfnisse wichtig sind, woran man merkt, dass etwas fehlt, und was man tun kann, um sich besser darum zu kümmern. Essen und Trinken, Ruhe, Aktivität, Sicherheit und Ordnung, Liebe, Gemeinschaft, Freundschaft, Wertschätzung, Freude, Neugier, Sinn und das „Ich-sein" — all das gehört dazu. Spielerisch lernen Kinder (und Erwachsene!), die eigenen Bedürfnisse zu erkennen, zu benennen und ihnen nachzuspüren. Ein liebevoll gestaltetes Buch, das zeigt: Je besser wir wissen, was wir brauchen, desto leichter können wir dafür sorgen, dass es uns gut geht.
Vermes-Verlag, 2025 (ab 4 Jahren)

Didier Lévy (Text)
Anne-Lise Boutin (Illustration)
Bianka Kraus (Übersetzung aus dem Französischen)

ARNOLD – DAS ALLES BIN ICH!

Wenn Arnold nachts zu den Sternen blickt, fühlt er sich winzig klein. Aber wenn er eine lustige Geschichte erzählt, ohne sich zu verhaspeln, oder mit drei Paar Socken jongliert, kommt er sich riesengroß vor. Manchmal ist er schüchtern, manchmal ist er laut und wild. Manchmal singt und rennt er vor Glück und liebt die ganze Welt — sogar seine Schwester. Und manchmal hat er zu nichts Lust und sagt zu allem Nein. Und zuweilen ist Arnold auch ganz vieles gleichzeitig: klein und riesig, freundlich und anstrengend, mutig und scheu … Aber ganz egal, wie er gerade ist, er ist und bleibt Arnold. In lustigen, schwungvollen Zeichnungen und wimmeligen Bildern zeigt dieses Buch: All das hat Platz und darf sein.
Helvetiq, 2022 (ab 4 Jahren)

Theresa Bodner (Text / Illustration)

IN MIR DRIN IST'S BUNT

Dieses Buch ist eine wahre Schatzkiste der Gefühle. Farbenfrohe Collagen-Vögel veranschaulichen die unterschiedlichsten Gemütsverfassungen in all ihren Facetten. Ein Vogel, der sich hinter einem Baum versteckt, wirkt schüchtern, zurückhaltend, verschämt oder vorsichtig. Einer mit weit aufgerissenem Schnabel und zusammengekniffenen Augen dagegen wütend, fuchsteufelswild, verärgert oder grantig. Und ein Vogel mit Tränen im Augenwinkel sieht traurig, unglücklich oder betrübt aus.

Die feinen Abstufungen eines Gefühls werden benannt und ihre Nuancen bildhaft dargestellt. Ergänzt um Wortäußerungen,

Erklärungen und Bitten entsteht so ein vielfältiger Wortschatz, der zur Auseinandersetzung mit den eignen Gefühlen anregt und schon kleinen Kindern hilft, eine Sprache für ihr buntes Innenleben zu finden.
Tyrolia Verlag, 2020 (ab 3 Jahren)

Sonja Stangl (Text / Illustration)

WENN DER WIND VOM MEER ERZÄHLT

Stumm und einsam sitzt ein alter Bär auf einem Hügel. Viele Leute kommen zu ihm und stellen ihm Fragen, aber er reagiert einfach nicht. So gehen die anderen wieder ihrer Wege und vergessen den Bären. Nur ein kleines Mädchen gibt nicht auf. Es bastelt eine große Sprechtüte und ruft dem Bär laut ins Ohr. Da endlich wird er munter! Schnell wird die Sprechtüte zur Hörhilfe umfunktioniert und gemeinsam entdecken der Bär und das kleine Mädchen die Welt der Geräusche und ihre Geschichten. Der Bach wird zum Trommelkonzert, die raschelnden Blätter zum Meeresrauschen und der Regen zur Tanzmusik. In zart kolorierten Zeichnungen und Drucken veranschaulicht Sonja Stangl, was man hören kann, wenn man nur die Ohren öffnet. Ein poetisches Kinderbuch und eine Einladung an sich selbst, genau hinzuhören.

Tyrolia Verlag, 2025 (ab 5 Jahren)

Antje Kunstmann (Text)
Friederike Ablang (Illustration)

LEISE SEIN IST MEINE ZAUBERKRAFT

Dieses Buch ist den Kindern gewidmet, die zu den Stilleren zählen. Die zu viel Lärm verschreckt oder sogar Angst macht. Jedes Kind ist mal leiser und mal lauter, aber diese werden oft nicht so gesehen oder gehört wie andere. Dabei birgt ihr Leisesein Zauberkräfte in sich: Sie können sich besser konzentrieren, sich viele neue Sachen und Geschichten ausdenken, genauer beobachten, was um sie herum passiert. Das ist sehr hilfreich, etwa wenn man Entscheidungen treffen muss oder wenn man verstehen will, wie andere Menschen sich fühlen

und was sie benötigen. „Leise sein ist meine Zauberkraft" erinnert daran, dass Zurückhaltung und Stille wertvolle und wichtige Eigenschaften für ein gelingendes Miteinander sind.

Fischer Sauerländer, 2025
(ab 5 Jahren)

Orit Gidali (Text)
Keren Katz (Illustration)
Lucia Engelbrecht
(Übersetzung aus dem
Hebräischen)

BRAVO!

Eigentlich sollte Papa sein Kind abholen und mit ihm ein Eis essen. Doch es kommt ganz anders: Mama taucht auf und nimmt es mit ins Theater, wo überraschenderweise gar kein Stück gespielt wird. Stattdessen richtet die Schauspieltruppe die Scheinwerfer ins Publikum, um einzelne Menschen ins Rampenlicht zu setzen und unter lauten „Bravo"-Rufen zu feiern. Plötzlich steht auch die Mama dort und dreht sich lachend im Lichtkegel — und das Kind sieht sie mit ganz neuen Augen. Später, beim Eisessen, beugt sie sich zu ihm und sagt leise: „Es ist nicht leicht für dich in letzter Zeit, mein Kind. Denk nicht, dass ich das nicht sehe. Wirklich, du machst das so gut. Bravo!" Mit einfühlsamen Worten und zarten Illustrationen erzählt dieses Buch davon, wie wichtig es ist, gesehen zu werden. Ein feines, poetisches Buch, das nachklingt.

Vermes-Verlag, 2025 (ab 5 Jahren)

Dita Zipfel / Rán Flygenring (Text / Illustration)

LEBEN, STERBEN UND KANINCHEN

Dieses philosophische Buch empfängt die Kinder mit der Zusicherung ihrer eigenen Einmaligkeit: „Weißt du was? Von allen Wesen auf der Welt, zu allen Zeiten dieser Erde, von grauer Vorzeit bis in alle Zukunft — von all diesen unzähligen Leben gibt es nur einmal dich." Das ist der Auftakt in aufrichtige, kluge und empathische Gedankenspiele, die von Anfängen und Enden handeln, vom Leben und vom Tod in seiner Alltäglichkeit, die manchmal unerträglich schwer und kaum auszuhalten ist und zugleich voller toller Erlebnisse, Gefühle und Erinnerungen steckt. „Leben, Sterben und

Kaninchen" ist eines der schönsten und tiefgründigsten Kinderbücher der letzten Jahre.

Hanser Verlag, 2025
(ab 6 Jahren)

Annäherungen

Bühnenstück zur Fastenaktion 2026: „Mit Gefühl! Sieben Wochen ohne Härte"

INGE SCHNEIDER
Journalistin und Tanzpädagogin, setzt die Mottos der Fastenaktion szenisch um, damit Gemeindegruppen sie auf die Bühne bzw. in die Kirche bringen können. Besonders schön ist es, wenn Ältere und Jüngere sich dafür zusammentun

Figuren

Gesa (Studentin)
Jannik (Student)
… sind die Hauptfiguren und sitzen anfangs vorn an zwei Tischen an ihren Laptops.

Kerstin (Gesas Oma)
Frank (Gesas Vater)
Mona (Janniks Mutter)
Luca (Janniks Bruder, 15 J.)
… sitzen anfangs im Raum verteilt, z. B. im Publikum an verschiedenen Plätzen

Sprecher:in

Requisiten und Aufbau

Zwei Tische und Stühle stehen sich im Bühnenraum schräg gegenüber, mit etwas Abstand. Darauf steht jeweils ein Laptop. Alle Darsteller:innen brauchen ihr Smartphone.

Regieanweisung

Die Figuren sprechen bis zur fünften Szene nicht direkt miteinander, sondern kommunizieren am Telefon, im Videocall oder über getippte Nachrichten. Alle Darstellenden sitzen vor ihren Bildschirmen (Laptop oder Smartphone). Wenn sie Nachrichten tippen, sprechen sie dabei laut mit. Natürlich können sie ihre Texte dann auch vom Bildschirm ablesen, da sie dort ohnehin draufschauen. Dies sollte aber gut eingeübt und so betont werden, dass es trotzdem möglichst spontan rüberkommt. Beim Telefonieren sollte man vorher ausprobieren, ob es gut klappt, wenn sich die Darstellenden wirklich anrufen. Eine andere Möglichkeit ist, dass der/die Angerufene den Klingelton selbst aufruft und dann fiktiv den Anruf annimmt, ohne dass die Gesprächspartner:innen wirklich dran sind.

Musik-Einspieler

Klaus Lage: Faust auf Faust (Schimanski-Song) (Szene 1)

Harfenmusik, z. B. von Andreas Vollenweider: Behind the Gardens, Behind the Walls, Under the Tree, 1981 (Szene 5)

Sprecher:in *(stellt das Motto und die Mitwirkenden vor):* Liebe Gemeinde. „Mit Gefühl! 7 Woche ohne Härte." So lautet das Motto der diesjährigen evangelischen Fastenaktion „7 Wochen Ohne", das wir gleich in sieben Szenen näher kennenlernen werden.

Dies sind Gesa und Jannik. *(Die jeweils Angesprochenen winken kurz, damit man sie zuordnen kann.)* Die beiden studieren Soziale Arbeit im gleichen Semester und sind beste Freunde.

Mit im Boot bei diesem szenischen Spiel sind noch zwei weitere Generationen, nämlich Gesas kämpferische Oma Kerstin *(auch hier winken alle Angesprochenen kurz),* die sich seit ihrer Jugend für die Belange der Frauenbewegung eingesetzt hat.

Gesas Vater Frank, der eine gut gehende Schneiderei hat. Er ist zudem als Modedesigner und Kostümbildner tätig — und sehr stolz auf den Bildungsweg seiner Tochter, die es als erste aus der Familie an die Uni geschafft hat.

Das ist Luca, der jüngere Bruder von Jannik. Er ist 15 und gerade verstärkt auf der Suche danach, wer er ist und wer er sein möchte.

Und hier sitzt Janniks Mutter Mona. Sie liebt ihren Job als Journalistin. Sie bemüht sich in ihrer Berichterstattung immer, verschiedene Seiten zu hören und Leute aus ihrer jeweiligen Filterblase herauszuholen.

BILD **1**

BILD 1 erscheint: Mann im Sonnenblumenfeld

Sprecher:in: 1. Woche: Sehnsucht. *(Pause)* Lesung aus dem Buch der Könige: Mein Gott, gib mir ein hörendes Herz.

Musik *(Klaus Lage, nur Refrain):* „Faust auf Faust – hart, ganz hart, alles das kannst du verdau'n. Doch gib zu, zart, ganz zart hat ihre Hand dich umgehau'n. Und das ist hart für Schimi. Dein ganz privater Krimi!"

Jannik *(spricht in den Bildschirm, wo er offenbar mit Gesa zoomt):* Hi Gesa, wie geht's dir mit unserer Präsentation morgen im Seminar? Kommst du voran?

Gesa *(spricht ebenfalls in den Bildschirm):* Geht klar, Jannik. Mein Text steht. Ich muss nur noch die Bilder über die Entwicklung im Kleinkindalter raussuchen. Bin gerade auf Pixabay am Gucken. Ist gar nicht so einfach. Auf den Fotos ist das Alter der Kids schwer einzuordnen und in die richtige Reihenfolge zu bringen. Ich dachte eigentlich, die KI macht das schnell für mich, aber die ist viel zu ungenau.

Jannik: Ja, aber Gesa, das ist doch klar, dass die KI so etwas nicht komplett für dich erledigen kann. Zum Glück müssen wir immer noch unseren eigenen Kopf einschalten, um zu entscheiden, was richtig ist. Vor allem: Was gut zu uns selbst passt — und zu unserer Welt.

Gesa: Großartig, Jannik, du bist echt ein Schatz! Das ist SO ein wichtiger Satz, den stelle ich glatt über die nächsten sieben Wochen. Genauso mache ich das. Für die Präsentation und überhaupt. Einfach meinen eigenen Kopf einschalten und ich selbst sein. Könnte auch mega-gut zum Motto

der diesjährigen Fastenaktion „7 Wochen Ohne" passen. Das heißt nämlich „Mit Gefühl! Sieben Woche ohne Härte".

Jannik: Ey, jetzt weiß ich, woher ich den Song kenne, der da gerade bei dir im Hintergrund lief. „Faust auf Faust — hart, ganz hart, alles das kannst du verdau'n. Doch gib zu, zart, ganz zart hat ihre Hand dich umgehau'n. Und das ist hart für Schimi. Dein ganz privater Krimi!" Uralt, oder? 1985, mindestens! Hat Klaus Lage damals für einen Tatort mit Götz George in der Rolle von Kommissar Horst Schimanski geschrieben.

Gesa: Wow, du kennst dich ja aus in der Popgeschichte, Jannik! Stimmt genau. Ich hab das gar nicht gekannt! Meine Oma hat ihn mir gerade geschickt, weil wir über das Thema „Mit Gefühl! Sieben Woche ohne Härte" in dieser Fastenzeit gesprochen haben.

Jannik: Mit Gefühl? Ich dachte immer, in der Fastenzeit geht es eher um Verzicht auf so was wie Süßigkeiten, Alkohol, Fleisch, Internet, Tiktok, Konsum oder Autofahren?

Gesa: Na ja, das stimmt schon. Ich zum Beispiel finde, in letzter Zeit trinke ich zu viel Kaffee und sollte in den nächsten sieben Wochen mal versuchen, von sechs Tassen pro Tag auf zwei runterzukommen.

Jannik: Aber „Mit Gefühl! Sieben Woche ohne Härte", das ist doch eher ein emotionales, seelisches, soziales oder meinetwegen auch sehr politisches Thema, oder?

Man redet doch überall davon, dass unsere Gesellschaft immer härter und aggressiver wird, dass alle dem Zwang zur Selbstoptimierung unterliegen, dass die Fronten zwischen Fami- >

lien und Freunden sich verhärten und manche Leute kaum noch miteinander reden können. Und das nicht nur an Heilig Abend oder zu Ostern!

Gesa *(lacht):* Ha, ha, ja, da hast du recht! Ausgerechnet an den großen Festen, wenn die Harmonie eigentlich perfekt sein soll, kommt bei uns auch immer alles auf den Tisch, was spaltet und zu Streitigkeiten führt: Das Erbe, die schwarzen Schafe der Familie, die unterschiedliche Zukunftsplanungen. Und natürlich die Politik und die Weltlage. In aller Härte und Unversöhnlichkeit. Manchmal wissen wir dann kaum noch, wie wir es zusammen in die Kirche schaffen sollen. Aber danach ist merkwürdigerweise alles wieder in Ordnung.

Jannik: Ja, siehst du! Sag ich doch! Aussteigen, wenn alles total verfahren ist! Etwas ganz anderes machen, für mich allein oder gemeinsam mit anderen. Mit ganz viel Sehnsucht nach einer friedlicheren, offeneren, respektvollen Welt, in der jeder leben kann und leben lässt. Mit wirklichem Aufeinander-Hören, ohne die ganzen Vorurteile und Zwänge im Hintergrund. Sondern echt. Authentisch. Nicht nur mit dem Kopf, sondern auch mit dem Herzen.

Gesa: Mensch Jannik, du lieferst mir ja gerade Ideen für die erste Fastenwoche! Für mich selbst und meine Familie. Und auch für meine Konfigruppe.

Jannik: Stimmt, das machst du ja auch noch, ehrenamtlich. Also: Ja! Ich denke: Aussteigen, Abstand gewinnen, mit Sehnsucht nach einem neuen Ich und einer neuen Welt beginnen, sanfter mit sich selbst umgehen und mit dem Herzen einander zuhören. Das könnte wirklich ein Weg sein, um die unerbittliche Härte unserer Tage zu knacken. Klingt dir vielleicht zu naiv?

Gesa: Nein, das klingt absolut notwendig für jeden einzelnen und unsere Welt. Vielen Dank, Jannik! Und dann noch, trotz ganz viel Herz: „Immer den eigenen Kopf einschalten." So wie du's vorhin gesagt hast. Merk' ich mir für die nächsten sieben Wochen. Und jetzt suche ich weiter die Bilder für unsere Präsentation morgen raus — nur ich allein, ohne KI, versprochen!

2. BILD erscheint: Mann mit Aktenmappe auf Geländer

Sprecher:in: 2. Woche: Weite. *(Pause)* Aus Psalm 31: Ich freue mich und bin fröhlich über deine Güte, dass du mein Elend ansiehst und kennst die Not meiner Seele und übergibst mich nicht in die Hände des Feindes; du stellst meine Füße auf weiten Raum.

Gesa *(tippt in die Tastatur vom Laptop und spricht laut mit):* @Jannik: Und? War doch gut unsere Präsentation gestern, oder?

Jannik *(tippt und antwortet):* @Gesa: Ja, war super! Und danach: Alle wollten reden. Ob das Sinn macht, dass man die Entwicklung von Menschen in feste Phasen einteilt. Und ob wir alles vergleichen sollen: Wann muss man als Kind normgerecht etwas können und machen — und wann darf man es vielleicht nicht mehr, weil man viel zu alt dafür ist? Was ist normal, was ist verrückt oder krank und gefährlich — oder ganz einfach nur anders, aber absolut gleichberechtigt? Was ist schön oder hässlich, was nützt der Gesellschaft und was schadet ihr? Wollen und sollten wir überhaupt perfekt sein und unsere Kinder zu solchen Menschen erziehen, wie sie uns Photoshop und die Werbewelten vorgeben?

Gesa *(tippt):* @Jannik: Ja, war spannend. Auf einmal war nicht mehr festgelegt. Keine harten Worte und Gesetze, sondern die Welt weit offen für jeden. Meiner Oma Kerstin hätte das gefallen — die wollte ich sowieso noch mal anrufen.

Jannik *(tippt):* @Gesa: Warum sie?

Gesa *(tippt):* @Jannik: Na, du kennst sie. Sie hat sich immer eingesetzt, dass jeder Mensch seine Träume leben kann. Vor allem Frauen. Die haben das ja früher nicht gekonnt. Deren Weg war hart vorgezeichnet von anderen. Das ist ja auch das Motto der zweiten Fastenwoche: „Du stellst meine Füße auf freien Raum."

Jannik *(tippt):* Cool — das steht in der Bibel? Wusste ich gar nicht! Erzähl mir später, was deine Oma gesagt hat. Hoffentlich denkt sie auch an uns Männer: Wir stehen auch unter Druck, von wegen immer im weiten, offenen Raum! Work-Life-Balance zwischen Beruf und Familie — keine Ahnung, wie ich das später mal hinkriege …

Gesa *(tippt auf ihrem Smartphone)*

Klingelton bei Kerstin

Kerstin *(nimmt ab):* Hallo Gesa?

Gesa: Oma, wo bist du? Stör' ich gerade?

Kerstin: Allerdings, Kind, ich sitze gerade in einem Vortrag über die evangelische Fastenaktion „7 Wochen Ohne". Sehr wichtiges Thema in diesem Jahr! Warte — ich gehe gerade mal vor die Tür *(steht auf und geht ein wenig an den Rand).* Also, worum geht's?

Gesa: Um den weiten Raum!

Kerstin: Ach ja, da sind wir hier auch gerade.

Gesa: Glaubst du, dass Gott den weiten Raum wirklich für uns Menschen möchte? Dass wir eben nicht klein, demütig, strikt und verhärtet sein sollen und nicht uns selbst und anderen vorschreiben, wie wir zu leben und zu lieben haben, solange es niemandem schadet?

Kerstin: Ja, natürlich glaube ich das, Kind, auch wenn die Kirche selbst es früher manchmal ganz anders gelehrt und gelebt hat! Wofür haben wir Frauen denn in den 70er und 80er Jahren gekämpft?! Dass wir sagen und lernen durften, was wir wollten, unsere Traumberufe ergreifen, trotzdem Kinder haben, Männerdomänen erobern und aus Familienzwängen ausbrechen! Ihr jungen Leute nehmt heute vieles für selbstverständlich, was wir damals erreicht haben — doch zum Glück gibt es immer inzwischen mehr Frauen in Regierungs- und Vorstandsverantwortung, die etwas daraus machen!

Gesa: Und gilt diese Freiheit auch für die Männer, Oma? Das hat mich der Jannik gefragt …

Kerstin: Ja, natürlich, sie sollte für jeden Menschen gelten! Über das Denken in Schubladen mit Schwarz-Weiß, Mann-Frau, Freund-Feind bin ich längst hinaus. Gott hat uns einen freien Willen geschenkt und ist nicht einverstanden mit denen, die diesen Willen beschneiden, unterdrücken, verleugnen und niederkämpfen. Der freie Raum verträgt keine sichtbaren und unsichtbaren Waffen und Stacheldrahtzäune.

Gesa: Wow, danke, Oma, das hast du toll gesagt, mitten in einer Welt von Kriegen im Großen wie im Kleinen. Das erzähle ich gleich dem Jannik …

3. BILD erscheint: Junge Männer auf dem Felsen

Sprecher:in: 3. Woche: Verletzlichkeit. *(Pause)* Lesung aus dem Markus-Evangelium: Und Jesus sprach im Ölgarten zu seinen Jüngern: Meine Seele ist betrübt bis an den Tod; bleibt hier und wachet! Und er kam und fand sie schlafend und sprach zu Petrus: Simon, schläfst du? Vermochtest du nicht eine Stunde zu wachen?

Jannik *(direkt und ohne Anklingen, im Handy-Telefonat mit seinem jüngeren Bruder Luca, aufgebracht):* Mann, Luca, du hörst mir ja nicht mal zu!

Luca *(ebenso aufgebracht):* Weil ich eh schon weiß, was jetzt kommt: der neue Mann. Er versteht alles und zeigt Gefühle und kann Babys wickeln und putzt und kocht, damit die Frau arbeiten kann. Digger, das ist so weird! Hab ich echt kein Bock drauf. Stehen doch auch die Mädels nicht drauf. Die wollen einen richtigen Mann und kein Weichei. Guck doch mal auf Tiktok. Dickes Auto, dickes Bankkonto, tolles Haus, Mega-Klamotten für die Frau — und alles ist stabil. Mehr wollen die Weiber doch auch nicht!

Jannik *(sanfter):* Mensch, Luca, ich bin echt geschockt! Klar weiß ich, wie wichtig Social Media für dich sind und wie viel Infos du dir von da besorgst. Dagegen sage ich auch gar nichts, aber jede Sache hat doch zwei Seiten, wie unsere Mom immer sagt.

Luca *(immer noch genervt):* Und die ist Journalistin! Die Presse ist ja eh immer links — und Mom wahrscheinlich auch. Also gut, Bro, was ist das jetzt mit der zweiten Seite?

Jannik: Dass so eine übertrieben starke Männlichkeit, die sich gar keine Gefühle, keine Verletzlichkeit, kein Nachdenken und keine Offenheit mehr leistet, pures Gift für beide Geschlechter ist — und für die Kinder auch. Toxisch eben!

>

BILD 3

Luca: Digger, versteh ich nicht.

Jannik: Es ist nicht gut für einen, wenn man alles in sich hineinfrisst und nach außen immer den Starken markiert. Das ist einfach nicht echt — NIEMAND ist immer stark. Warum denkst du, sind die meisten Gewalttäter Männer: gegen Frauen und Kinder, aber auch untereinander und gegen sich selbst und zwar quer durch ALLE Gesellschaftsschichten hindurch? Und die meisten Selbstmörder sind übrigens AUCH Männer! Weil sie nicht wissen, wie man wirklich gut zu sich selbst und seiner Seele ist — oder auch nur: sich rechtzeitig Hilfe holt!

Luca: Jetzt chill mal … Kennst du die Tradwives, hab ich auf Insta gesehen, die Frauen, die auf Tradition stehen, so mit Backen und Deko und Beauty. Die sind total glücklich und empfehlen das weiter. Manche sagen sogar, dass die Frauen dazu geboren wären, uns Männer glücklich zu machen.

Jannik: Um Himmels willen, Luca, das glaubst du doch nicht etwa alles!? Hoffe ich jedenfalls!? Mit so einer willst du glücklich werden?? Unsere Mom rastet aus!

Luca: Weiß ich doch nicht. Aber real talk: Feste Regeln und Rollen sind doch gar nicht so schlecht. Ich kenne viele, die das auch so finden. Für die Orientierung und den eigenen Weg und so. Solltest du eigentlich wissen, Bruder, wenn du mal so'n Sozial-Fuzzi werden willst.

Jannik: Klar sehnen sich viele Leute nach der guten alten Zeit. Und weißt du was: Das ist normal bei Kriegen und Krisen. Das ist wissenschaftlich erwiesen, man nennt es Rollback — Rolle rückwärts: ins Patriarchat. Komplizierte Antworten sind eben viel schwerer auszuhalten als einfache Regeln und Phrasen und Patentrezepte. Aber diese angeblich gute alte Zeit hat doch so nie existiert, wirklich nicht! Du glaubst doch nicht, dass unsere Großeltern es früher besser hatten oder glücklicher waren als wir heute. Frag' mal Gesas Oma …

Luca: Digger, diese Feministin, niemals!

Jannik: Okay, aber denkst du mal über alles nach, Luca? Wir können jederzeit reden oder schreiben!

Luca: Weiß nicht. Ja, okay. Vielleicht.

4. BILD erscheint: Kettenkarussell

Sprecher:in: 4. Woche: Mitgefühl. *(Pause)* Aus dem Brief des Apostels Paulus an die Römer: Freut euch mit den Fröhlichen, weint mit den Weinenden.

Gesa *(klingelt ihren Vater Frank an)*

Telefon klingelt bei Frank

Frank *(nimmt Anruf fröhlich an):* Hallo!

Gesa: Papa? Hast du mal'n Moment Zeit für mich?

Frank: Aber klar, für dich doch immer!

Gesa: Papa, wie bist du eigentlich in deinem Leben mit den Anforderungen an dich zurechtgekommen? War das immer einfach? Weißt du, Jannik hatte gestern am Telefon so einen Mega-Streit mit seinem Bruder Luca, der ihm etwas aufs Ohr erzählt hat von neuen Männeridealen. So von wegen knallhart, ohne Rücksicht auf Freunde, Frauen und Kinder — oder auch nur Leute, die anders ticken … Es war echt krass, Jannik war total fertig hinterher. Wie kann man nur so von gestern sein? Harte Männer, das hatten wir doch alles schonmal …

Frank *(überlegt kurz):* Ja, das stimmt echt. Das hatten wir alles schon mal, und das hat uns nicht glücklich gemacht. Weder den Einzelnen noch unser Land noch die Weltgemeinschaft. Das ist so mit allen Ansichten, die extrem, radikal und/oder fundamentalistisch sind. Die meisten hätten es gern einfach und eindeutig. Aber die Wahrheit liegt halt meistens in der Mitte. Und diese Balance ist eben schwer zu finden — und noch schwerer zu halten. Man muss das immer wieder neu aushandeln.

Gesa: Bei mir hast du das toll geschafft, Papa! Du hattest immer ein offenes Ohr für mich, du hast dich für mich gefreut, wenn es mir gut ging, konntest mit mir traurig sein, wenn ich weinte — und dann auch wieder nachdenken, wie es weitergehen könnte. Hoffentlich kriege ich das auch mal so gut hin, wenn ich Kinder habe. Bei meinen Freunden und Freundinnen versuche ich es jedenfalls jetzt schon. Du warst ein gutes Vorbild!

Frank *(gerührt):* Ach, Gesa, das freut mich aber sehr, das ist ein tolles Kompliment.

BILD 4

Gesa: Warst du denn früher auch schon so? Hattet ihr deshalb so eine glückliche Ehe, Mama und du, auch durch ihre lange Krankheit hindurch?

Frank: Ich glaube schon. Ich konnte schon immer ganz gut mit anderen mitfühlen. Ich hab' es damals sogar eher als Mama geahnt, dass sie schwanger ist. Mit dir!

Gesa: Echt, Papa, das wusste ich ja gar nicht! Wie süß! Weißt du, dass es in der vierten Fastenwoche genau darum geht: Um Mitgefühl? Genau das Gegenteil von dem, was Luca gut findet. Haben dich eigentlich mal welche komisch angeguckt, weil du nicht so ein harter Macho-Kerl bist irgendwie?

Frank *(lacht leise):* Schon, gerade weil ich auch noch mit Mode und Design zu tun habe. Mit Models, mit Frauen wie Männern und allem dazwischen, eben mit diesem Lebenskarussell, das Grenzen überfliegt. All das kann heute zum Stein des Anstoßes werden. Gesa, bleib' bitte nah bei dir selbst. Nicht nur diese sieben Wochen lang. Hör immer auf deine innere Stimme, sie ist der beste Kompass und deine wahre, echte innere Stärke. Viel stärker als die Faust und das laute Wort, das die anderen mundtot macht. Weißt du, dass ich sehr stolz auf dich bin?

BILD **5**

5. BILD erscheint: Brot und Wein

Sprecher:in: 5. Woche: Nachfragen. *(Pause)* Aus dem Lukas-Evangelium: „Wer ist denn mein Nächster?", fragte ein Gesetzeslehrer Jesus.

Jannik *(spricht in den Bildschirm, am Laptop oder Smartphone, offenbar im Videocall mit seiner Mutter):* Mom? Bist du da? Hast du das eben gehört?

Mona *(spricht in ihren Bildschirm am Smartphone):* Ja, klar, Jannik, hab' ich gehört, dieser Gesetzeslehrer macht ein Interview mit Jesus, so wie ich mit meinen Gesprächspartnern. Er stellt Fragen und hofft auf Antworten — keine oberflächlichen, sondern solche, die aus dem Herzen kommen. Genau mein Job — und in diesem Fall sogar ein echter Glückstreffer: Denn ohne diese Frage, von der wir nicht wissen, ob sie aus echtem Interesse gestellt wurde oder eine Falle sein sollte, wäre uns niemals das Gleichnis vom barmherzigen Samariter überliefert worden.

Jannik: Mama, das wusste ich ja gar nicht. Worum geht es denn da?

Mona: Na ja, es geht um einen Ausgestoßenen, einen bei den Rechtgläubigen rigoros Abgelehnten. Nämlich um einen Samariter, von dem wir ja bis heute sprichwörtlich reden, wenn wir über Ehrenamtliche und speziell über Rettungsdienste sprechen. Er ist der Erste, der sich um einen ausgeraubten verwundeten jüdischen Kaufmann kümmert. Nicht der Priester und nicht der Tempeldiener als seine Mit-Gläubigen erkennen das Gebot der Stunde.   >

Sondern ausgerechnet der Abgelehnte, der Verleugnete, der Unreine, mit dem man nicht in einem Haus und an einem Tisch zusammensitzen oder gar Brot und Wein teilen durfte. Der erkennt seine Rolle als der Nächste des Verwundeten und weiß, dass er jetzt gefragt ist. Er duckt sich nicht weg, er nutzt die Gunst der Stunde und hilft, über seine inneren und äußeren Grenzen hinweg.

Jannik: Ach so, da geht's also um Überraschungen mit den Menschen — wie du sie so sehr liebst! Darum, dass man uns nicht einfach in Schubladen stecken kann, sondern dass jeder und jede die Chance bekommen sollte, ganz anders zu sein und so auch gesehen und gewürdigt zu werden. Wer hat noch mal gesagt: „Eigentlich bin ich ganz anders — ich komme nur so selten dazu"?

Mona: Der österreichisch-ungarische Schriftsteller Ödön von Horváth hat das gesagt, lieber Jannik. Und von John Lennon kommt das Zitat: „Das Leben ist das, was uns passiert, während wir andere Pläne machen."

Jannik: Oh, okay, Mama? Das meint also, dass wir von jedem Menschen, wirklich von jedem, erst mal das Beste erwarten sollen. Egal, wie fremd er uns auch ist? Ja, und eigentlich auch von uns selbst, egal wie beschäftigt und wie fremd wir uns selbst sind?

Mona: Besser hätte ich es nicht formulieren können, lieber Jannik. Ja, genau! Über den Tellerrand schauen, die eigene Filterblase öffnen, nachfragen, so lange, bis man versteht, und anderen Neues, Fremdes und Spannendes zutraut, das ist das wirklich Beste. Es kann natürlich schiefgehen, das gebe ich gern zu — es kann auch in wechselseitiger Sprachlosigkeit enden. Und das andere ist auch nicht immer das Bessere. Zum Beispiel würde ich unsere Demokratie und ihre Versammlungs- und Pressefreiheit niemals aufs Spiel setzen für andere, diktatorische Entwürfe von Staat und Berichterstattung. Aber ich bin optimistisch. Es gibt viel mehr Menschen, mit denen wir in Frieden leben und Brot und Wein teilen können als solche, mit denen dies niemals möglich sein wird. Glaub' mir.

6. BILD erscheint: Menschen auf der Wiese

Während der gesamten Szene läuft leise im Hintergrund Harfenmusik aus der „Konserve", z. B. Andreas Vollenweider: Behind the Gardens, Behind the Walls, Under the Tree (1981)

Sprecher:in: 6. Woche: Sanfte Töne. *(Pause)* Aus dem Buch Samuel: Der Geist des Herrn aber wich von Saul, und ein böser Geist vom Herrn verstörte ihn. Wenn nun der Geist Gottes über Saul kam, nahm David die Harfe und spielte darauf mit seiner Hand. So erquickte sich Saul, und es ward besser mit ihm, und der böse Geist wich von ihm.

Gesa und Jannik schalten ihre Laptops aus und klappen sie zu.

Gesa *(ins Publikum zu den vier Verwandten)*: Hey, wisst ihr was?

Jannik *(ebenso)*: „Mit Gefühl und Mitgefühl" — das funktioniert einfach nicht so gut auf Distanz.

Gesa: Digital ist schon toll, wenn man weit voneinander entfernt ist. Aber das sind wir doch gar nicht!

Jannik: Wir nehmen uns nur viel zu selten Zeit füreinander!

Gesa: Zum Zuhören, einander in die Augen schauen, spüren, was jemand braucht, was gerade fehlt.

BILD 6

Jannik: Zum Trösten in Krankheit und Angst, in Ungewissheit und Zukunftssorgen, in Einsamkeit …

Gesa: …und was es sonst noch so an bösen Geistern gibt, die unsere Tage verstören.

Jannik: Dann probieren wir das am besten gleich aus: Kommt einfach mal alle her!

Die vier Verwandten stehen auf und kommen langsam nach vorn, zum Teil etwas zögerlich und unwillig.

Luca *(währenddessen, zu sich selbst, genervt):* O Shit, die alte Feministin ist auch dabei. Muss das jetzt sein?

Mona *(währenddessen, gehetzt, zu Jannik):* Wir hatten doch gerade erst miteinander telefoniert, Jannik. Und ich bin eigentlich total unter Druck, die Redaktion braucht den Bericht in einer knappen Stunde. Aber wenn du meinst …

(etwas ruhiger) Vielleicht hast du ja recht: Wir sollten viel mehr Zeit zusammen verbringen, ganz direkt, Auge in Auge, ob wir uns nun gut kennen oder einander fremd sind. Dann schwinden die Härte und die bösen Geister unserer Tage vielleicht ganz von allein.

Frank *(währenddessen, fröhlich, zu Kerstin):* Ach Kerstin, ist das schön, dich mal wiederzusehen! Das letzte Mal muss ja ewig her sein! Dabei unterhalte ich mich so gern mit dir — das ist immer wie ein Jungbrunnen für mich, so erfrischend und inspirierend. Ich zehre tagelang davon!

Kerstin *(währenddessen, erfreut, zu Frank):* Tatsächlich? Wie schön! Das hat mir, glaube ich, noch nie jemand gesagt. Manchen gehe ich mit meinem Kampfgeist doch eher auf die Nerven. *(schaut zu den anderen)* Oh, da sind ja auch Mona und Luca!

Luca *(zögernd, zu Kerstin):* Hi.

Vorne angekommen bilden alle einen Kreis mit Gesa und Jannik. Sie fassen sich dabei an den Händen, stehen dicht, legen einander eine Hand auf die Schulter – jede:r so, wie es passt. Die Musik dauert noch einen Moment lang an und verklingt dann. Sie bleiben so stehen.

7. BILD erscheint: Zwei Frauen einander umarmend

Sprecher:in: 7. Woche: Furcht und große Freude *(Pause)* Aus dem Matthäus-Evangelium: Und die Frauen gingen eilends weg vom Grab mit Furcht und großer Freude und liefen, um es seinen Jüngern zu verkünden.

Sprecher:in reiht sich in den Kreis ein und streckt beide Hände schräg nach vorn und unten aus, die Handflächen zum Boden. Alle anderen tun es ihr nach, die Hände sollten sich über- und untereinander befinden, sich gegebenenfalls auch leicht berühren. Der Kreis muss demnach enger werden, man muss sich näherkommen. Wenn alle Hände zur Mitte ausgestreckt sind, legt Sprecher:in die eigenen Hände obenauf, ähnlich wie bei der Bekräftigung einer Eheschließung.

Sprecher:in *(diese Worte sinngemäß und auswendig):* Mit Gefühl! 7 Wochen ohne Härte! Unser Leben ist stets in Bewegung und im Fluss. Stillstand und Verhärtung bedeuten dagegen den Tod, auch den Tod des Gesprächs, der Zuwendung, der Solidarität und des Miteinanders, der Annäherung über Gräben hinweg.

Zum Glück ist unser Leben im Fluss. Gefühle können sich wandeln, Gespräche können wieder aufgenommen werden, vielleicht mit einer Versöhnung beginnend, vielleicht mühsam, aber mit viel gutem Willen von beiden Seiten. Verständnis und Mitgefühl können wachsen, ganz langsam, Auge in Auge, ohne einander gleich verändern zu wollen.

Es gibt immer einen ersten Schritt: Von der Distanz in die Nähe, von der Härte in die Bewegung aufeinander zu, vom Fremdsein ins Kennenlernen. *(langsam und betont)* Von der Furcht in die große Freude. Von Karfreitag zu Ostern. Vom Tod in die Auferstehung.

So viele Gefühle zur Auswahl …

EHER POSITIV

angeregt, aktiv, begeistert, elektrisiert, energiegeladen, interessiert, lebendig, motiviert, neugierig

dankbar, anerkennend, erfüllt, freudig, liebevoll, verbunden, wertschätzend

erleichtert, befreit, entspannt, gelöst, ruhig, sorglos

fröhlich, ausgelassen, beschwingt, froh, glücklich, heiter, humorvoll, vergnügt, zufrieden

geborgen, behütet, aufgehoben, sicher, vertraut, zugehörig

hoffnungsvoll, erwartungsvoll, optimistisch, positiv gestimmt, zuversichtlich

kraftvoll, aktiv, entschlossen, energiegeladen, mutig, stark, tatkräftig

leicht, frei, locker, spielerisch, unbeschwert, unbekümmert

neugierig, aufmerksam, fasziniert, inspiriert, lernbereit, offen, wach

stolz, anerkannt, kompetent, respektiert, selbstbewusst, zufrieden, wertvoll

vertrauensvoll, ausgeglichen, gelassen, hoffnungsvoll, offen, sicher

warmherzig, fürsorglich, liebevoll, mitfühlend, sanft, zärtlich

EHER NEGATIV

ängstlich, bang, besorgt, furchtsam, nervös, panisch, unsicher, verlegen

ärgerlich, aufgebracht, empört, gereizt, missmutig, ungeduldig, wütend, zornig

bedrückt, gedrückt, melancholisch, mutlos, niedergeschlagen, traurig, wehmütig

beschämt, befangen, kleinlaut, peinlich berührt, reumütig, schuldbewusst, verlegen

einsam, abgeschnitten, ausgeschlossen, isoliert, verlassen, sehnsüchtig

erschöpft, ausgelaugt, entkräftet, kraftlos, matt, müde, schwach, überfordert

frustriert, enttäuscht, entmutigt, genervt, missgestimmt, verärgert, widerwillig

hilflos, ausgeliefert, machtlos, ohnmächtig, ratlos, schwach, überwältigt

hoffnungslos, entmutigt, leer, resigniert, trostlos, verzweifelt

neidisch, eifersüchtig, missgünstig, unzufrieden, verunsichert

schuldig, beschämt, reumütig, schuldbeladen, verlegen

traurig, bekümmert, betroffen, betrübt, verletzt, verzweifelt, wehmütig

verwirrt, abgelenkt, desorientiert, orientierungslos, planlos, unschlüssig, unsicher, zweifelnd

verletzlich, empfindlich, dünnhäutig, sensibel, unsicher, verletzbar

Dies ist eine mit Hilfe von KI erstellte, nicht vollständige Liste,
die sich an Marshall B. Rosenbergs Modell
der Gewaltfreien Kommunikation (GfK) anlehnt.
Mehr Infos: www.gfk-info.de